I0837418

dedicato

a quelli che non ce l'hanno fatta,

agli angeli in camice bianco,

alle donne e agli uomini in difficoltà,

ai giovani che aspirano ad un futuro migliore,

a chi rinuncia oggi per riabbracciarsi domani,

ai nonni cui manca la "luce dei loro occhi",

a quelli che combattono per un mondo nuovo.

RITORNO ALL'ABBRACCIO

Queste poche pagine sono state pensate e scritte nella fase del personale isolamento e distanziamento sociale: unico strumento necessario se vogliamo uscire al più presto da questa brutta storia che sta portando via tante persone e tantissime le sta gettando nella disperazione più assoluta.

Oggi che siamo costretti a passare più tempo in casa, abbiamo riscoperto ritmi e sensazioni che sembravano ormai spariti perché appartenuti ad un passato recente che era stato divorato da ritmi e modelli di vita frenetici che non lasciavano spazio alla riflessione e all'apprezzamento delle cose vere: come raccogliersi, all'ora dei pasti, intorno ad un tavolo imbandito per condividere un piatto e comunicarsi impressioni ed emozioni.

Ecco: se un risvolto positivo di questa maledetta pandemia vogliamo ricercarlo, lo possiamo trovare nella possibilità che ci ha dato di pensare un po' di più, di stare in casa per leggere un libro che avevamo dimenticato da anni sul nostro scaffale e che non sapevamo nemmeno di avere; in questo periodo conosciamo di più i nostri figli e le persone a noi care: ne scopriamo pregi e - ahimè - anche difetti; se ci pensiamo bene, l'isolamento ci fa parlare anche con noi stessi facendoci fare il rewind del film della nostra vita, da cui vorremmo togliere alcune scene che ci sono venute male.

Per chi ha la fortuna di "isolarsi" restando, però, con le persone care della sua vita della quale si sta prendendo cura, questa sua condizione, se opportunamente gestita, potrà rivelarsi una pomata per lenire le ferite del suo vissuto sul quale nella vita frenetica di prima - tra una corsa per non far tardi in ufficio, una discussione con il collega di lavoro e una partita a calcetto subito prima di cena – non aveva mai avuto il tempo o la voglia di soffermarsi.

Ma oggi è diverso: il tempo che abbiamo a disposizione sembra essersi esteso e quelli tra di noi che sono capaci di utilizzarlo al meglio, dimostrano capacità di resilienza nei confronti di un evento negativo che ha sconvolto la nostra esistenza, scoprono a poco a poco che in fondo non è poi così traumatico rinunciare alla frenetica pedalata sulla trafficata provinciale sotto casa, o alla solita bevuta al bar con gli amici, o al tifo gridato a squarciagola durante il derby della propria squadra di calcio.

La vita, al tempo della quarantena, si svolge secondo ritmi più lenti, più... naturali (anche se questo aggettivo, in questo contesto, potrebbe sembrare un controsenso). Indugiamo in attività slow come coltivare i gerani sul balcone, restaurare un vecchio mobile, ritinteggiare una parete, riordinare la libreria piena di gingilli inutili e di carte e scoprire che tra queste c'è anche una vecchia ricetta di un ciambellone scritta sulla pagina di un quaderno a quadretti, con la calligrafia di una vecchia zia che non c'è più...

Questo libro è una raccolta di vecchie ricette di cucina;

un archivio di sapori e di sensazioni che ci riportano
indietro nel tempo; uno stimolo a pensare a cose
positive; un invito a ripensare la nostra vita, per uscire -
alla fine del libro e di questa brutta storia - migliori per
affrontare il futuro e tornare ad abbracciarci senza
paura.

Carlo Gizzi

l'alimentazione
dopo il covid:
ritorno agli abbracci

**quanto, alimentarsi correttamente,
può contribuire a curare la mente e il corpo
prevenendo l'insorgenza di stress e infezioni**

una raccolta di vecchie ricette di cucina;
un archivio di sapori e di sensazioni
che ci riportano indietro nel tempo;
uno stimolo a pensare a cose positive;
un invito a riflettere sul nostro vissuto
per costruire insieme,
alla fine del libro e di questa brutta storia,
il nuovo mondo che verrà.

PSICOTERAPIA DELL'EMERGENZA

Covid-19: fino all'inizio del 2020, questa parola non esisteva nemmeno essendo stata creata dall'Organizzazione Mondiale della Sanità (Oms) per identificare la malattia da nuovo coronavirus; Covid è l'acronimo di Co (corona) Vi (virus) D ("disease", in inglese "malattia, "morbo") e 19 l'anno di identificazione del virus.

Proprio per la dimensione globale dei suoi effetti patogeni, il virus ha coinvolto molto rapidamente tutti i continenti determinando quella che gli studiosi di letteratura medica definiscono "Pandemia" - parola composta dalle parole greche "pan": tutto e "demos": popolazione - per cui si ritiene che l'intera popolazione mondiale sia stata esposta ad un'infezione e che potenzialmente una parte di essa ne sarà contagiata. Si parla invece di "Epidemia" - dal greco "epì": "sopra" e "demos": "popolazione" - quando il diffondersi di una malattia infettiva colpisce simultaneamente una certa popolazione umana, con un procedimento di espansione limitato nel territorio e nel tempo.

La Pandemia da Covid-19, o più semplicemente da Coronavirus, che ha colpito in maniera del tutto inattesa il nostro Paese, estendendosi dalla Cina fino interessare tutto il Pianeta, ha fatto sì che il nostro modo di vivere fosse completamente modificato e stravolto; circostanza che espone la popolazione mondiale al rischio di subire i disturbi da Stress Post-Traumatico che può cambiare la propria visione del "vivere" e del mondo che ci circonda, causando sintomi durevoli nel tempo e fortemente lesivi per la sfera psicologia e nell'ambito dei rapporti tra simili.

Il disagio causato da esperienze tragiche e traumatiche come grandi incendi, terremoti, alluvioni, incidenti stradali, rapine, attentati, esplosioni, atti di terrorismo, guerre, sono tutte circostanze che modificano la nostra percezione della normalità, facendoci sentire vulnerabili e impotenti. Il trauma psichico costituisce una lacerazione improvvisa, violenta ed imprevedibile della propria integrità, capace di causare una alterazione delle capacità psichiche dell'individuo. A tal proposito la ricerca ha dimostrato che, in conseguenza di eventi traumatici, le persone possono manifestare un cambiamento del loro modo di processare una informazione da parte del cervello.

Studi scientifici condotti in tal senso e risalenti agli anni '18 del secolo scorso, quando il mondo fu percorso da una epidemia - la "Spagnola" – che causò tra le 50 e le 100 milioni di vittime, hanno dimostrato che eventi disastrosi di tale natura possono causare disturbi neurologici negativi, producendo conseguenze i cui effetti perdurano per generazioni. Questi primi studi sulle esperienze post traumatiche, prendevano in considerazione gli effetti da esposizione ai bombardamenti, che si pensava fossero il risultato di un danno neurologico causato dalle esplosioni. Solo in seguito si dimostrò, invece, che questi disturbi non appartenevano esclusivamente alla sfera neurologica, ma anche a quella psicologica.

Nella maggior parte dei casi i sintomi sono transitori e

vengono metabolizzati dal cervello che mette in moto una serie di processi "autocurativi" che, nel tempo, fanno riassorbire gli effetti principali dello shock.

Ma nel caso della epidemia che stiamo attraversando, a peggiorare la situazione è intervenuto un fattore piuttosto nuovo: la perdita del lavoro e una crisi economica di dimensioni planetarie.

La perdita del lavoro per mancanza di possibilità di accedere, per legge, ai luoghi a questo deputati, oppure l'interrompere o il ridurre drasticamente e a tempo indeterminato le proprie attività professionali, ha causato e causerà effetti negativi nella sfera psicologica delle persone, provocando patologie psichiatriche o psicologiche che possono perdurare anche per molto tempo dopo la fine della Pandemia, come disturbi ansiosi, eccitabilità e depressione.

Inoltre, il proliferare di questi disturbi trova terreno fertile nel particolare e inatteso momento "a-sociale" che tutti stiamo vivendo per effetto della indispensabile separazione necessaria per ridurre al minimo il rischio di contagio: la quarantena. Oltre al disagio dovuto alla paura di contrarre la malattia e all'ansia di aver perso il proprio lavoro, quindi, si aggiunge anche il disagio di vivere per un periodo di tempo indefinito in una segregazione sociale forzata, che può, anche questa, riflettersi negativamente sul benessere psicofisico della persona.

La quarantena comporta la sospensione del diritto di

libertà individuale, la separazione dagli affetti e uno stato di incertezza sulla propria salute e sul futuro. E' stato dimostrato che la lunghezza della durata della segregazione è direttamente proporzionale allo svilupparsi di fenomeni quali intolleranza, diffidenza, paura, fobie, ossessioni, rabbia, violenza, rivolta sociale: sintomi che inevitabilmente precedono quello che viene definito "disturbo da stress post traumatico".

Uno studio condotto su un panel di persone costrette alla quarantena durante il periodo della epidemia da SARS, ha rilevato che circa il 90 per cento della popolazione sottoposta a quarantena, dopo la fine dell'emergenza evitava chi tossiva o starnutiva, si teneva lontano dai luoghi chiusi e affollati e da tutti gli spazi pubblici. L'indagine ha rilevato altri cambiamenti nel comportamento delle persone diretti a ridurre il rischio di nuovi contagi, come il lavaggio compulsivo delle mani e l'allontanamento dai luoghi affollati. Inoltre una indagine specifica condotta sugli operatori sanitari che erano entrati in contatto con i malati SARS, ha rilevato che, dopo il periodo emergenza sanitaria, medici e infermieri manifestavano sintomi da stress acuto, come irritabilità, ansia, insonnia, calo della produttività lavorativa dovuta a ridotta capacità di concentrazione.

Quindi, come ampiamente riportato e dimostrato dalla letteratura scientifica, all'esito di un evento traumatico di portata eccezionale, c'è da attendersi il manifestarsi di disturbi psicologici su larga scala.

Un metodo per ridurre la portata di questo fenomeno sul piano psicologico può essere quello di fornire ai cittadini informazioni univoche e possibilmente non "smentite" il giorno dopo (chi non ricorda il dilemma "mascherine si – mascherine no"?) spiegando loro chiaramente la natura dei rischi e sollecitando il diffondersi di sentimenti di collaborazione, di solidarietà e di altruismo che può contribuire a far nascere un sentimento comune di solidarietà. Infatti, quanto più ci sentiremo soli, tanto più i disturbi psicologici troveranno le porte aperte per diffondersi come se fossero un virus.

Anche se non è possibile in virtù di specifici e per fortuna temporanei decreti governativi, oggi più che mai abbiamo bisogno di abbracci e di strette di mano per tenere lontana la frustrazione, la paure, l'incertezza del futuro che ci attende; abbiamo bisogno di certezze e di non sentirci abbandonati; abbiamo bisogno di punti di riferimento. Se le istituzioni riusciranno ad essere vicine a tutti gli esseri viventi, dove ora c'è rabbia, disperazione, incertezza, paura, nascerà la speranza e la voglia di farcela.

DISTURBI DA STRESS POST-TRAUMATICO

Chiunque abbia vissuto una esperienza traumatica di qualsiasi genere, avverte il comprensibile bisogno di superarla e di continuare nel suo cammino come prima e molto spesso riesce nel suo intento senza alcun aiuto.

Nel caso invece di persone particolarmente sensibili ai traumi, i sintomi possono essere avvertiti anche dopo che è trascorso del tempo e trasformarsi in veri e propri disturbi da stress post traumatico. Nella mente degli individui che avvertono la presenza di tali sintomi, anche a distanza di tempo, si affollano immagini e ricordi che richiamano paure legate all'evento, causando forti sentimenti di ansia e di impotenza.

Anche l'individuo se si sforza di non pensarci, la sua mente lo riporta inevitabilmente al suo vissuto traumatico, rendendo vano, per lui, ogni tentativo di dimenticare.

Il tentativo di liberarsi la mente da questi brutti ricordi, molto spesso diventa compulsivo e impedisce il superamento del ricordo diventando - il tentativo stesso - una causa di stress.

A prescindere da ciò che l'ha causato, ogni evento traumatico interrompe il rapporto tra l'individuo e il suo vissuto, facendogli avvertire la sensazione di non essere abbastanza forte o protetto per difendersi dai pericoli: Si rende conto di essere debole e indifeso rispetto all'imprevisto e questa consapevolezza fa nascere in lui l'ansia dell'attesa che altre cose simili potrebbero accadere da un momento all'altro.

Inoltre, come nel caso delle pandemie o delle crisi sanitarie, ma anche nel caso di rapine, stupri, violenze o aggressioni, si fa spazio in lui la sensazione di non potersi fidare di nessuno perché tutti potrebbero potenzialmente mettere a rischio la propria incolumità.

Ciò che rende difficile la vita di chi soffre di Disturbo da Stress Post-Traumatico è la difficoltà di sentirsi sicuro e libero come nella sua vita precedente al trauma. Nel caso di un grave incidente stradale, potrei avere difficoltà a rimettermi alla guida come prima facevo con estrema facilità; oppure, se sono stato vittima di una rapina, difficilmente riuscirò ad aprire la porta di casa senza avvertire un senso di paura...

A questo punto, per superare questo grave disturbo che può produrre effetti collaterali molto seri, è necessario ricorrere a specialisti come psichiatri o psicoterapeuti: provvedimento questo, che l'autore di queste pagine raccomanda caldamente agli interessati nella convinzione che quanto più il trattamento del disturbo sarà intrapreso con tempestività, tanto più farà sentire i suoi effetti positivi sui sintomi non ancora cronicizzati.

Attraverso il racconto dei ricordi dell'evento e l'ascolto del paziente senza emettere giudizi, nel trattamento del Disturbo da Stress Post-Traumatico, il terapeuta condivide il peso emotivo della sua storia e dell'evento che l'ha segnata. E' fondamentale, nel trattamento, la capacità dello specialista di far sapere al paziente che non è solo e lui rappresenta il punto di snodo e di collegamento tra il paziente e il resto del mondo da cui si sente "tradito".

Lasciamo questi delicati compiti ai professionisti che curano il comportamento e la mente umana, che sono gli unici che possono esprimere le loro conoscenze per mitigare o risolvere i sintomi da stress post traumatico e limitiamoci, in questa sede, a cercare di trovare un pretesto per rendere più sopportabile questo momento e per tentare - perché no? – di tenere alla larga i sintomi della depressione che potrebbero manifestarsi.

Il cibo può contribuire a prevenire o, anche, ad affrontare meglio determinati disturbi psicologici?

Studi recenti hanno dimostrato che una corretta alimentazione può dare risultati soddisfacenti durante una terapia psicologica, come, ad esempio, la depressione: disturbo, sempre più diffuso, che colpisce il 15% della popolazione, principalmente tra i 25 e i 45 anni di età, e che nella popolazione femminile può arrivare al 30% di incidenza.

Per depressione si intende una gamma di disturbi dell'umore che vanno dalla cosiddetta depressione minore (distimia) fino ad arrivare a una vera e propria patologia psichiatrica (depressione clinica) che ha, come conseguenza, un progressivo e ricorrente abbassamento dell'umore, accompagnato dalla regressione dell'autostima. Questo disturbo dell'umore, non transitorio, è caratterizzato da una specifica sintomatologia diagnosticabile da medici e psicologi e va trattato, esclusivamente, da questi professionisti; è ben diverso da un temporaneo abbassamento del tono dell'umore che può capitare a chiunque, in una giornata che va di traverso.

I sintomi della persona afflitta da questo disturbo, sono importanti e non hanno niente a che fare con gli stati di tristezza transitori che possono capitare a ciascuno di noi. Tra questi sintomi gravi possono essere ricordati: la trascuratezza della propria persona, l'apatia, la tendenza all'isolamento, il disinteresse verso le cose e le persone, la difficoltà di concentrazione, l'insonnia, la difficoltà nella percezione del piacere. Non di rado a questi sintomi se ne affiancano altri legati all'alimentazione, come la perdita di peso corporeo, determinata dalla mancanza di appetito o, al contrario, l'eccessivo aumento del peso, per effetto di un aumento compulsivo dell'appetito.

Non ancora del tutto conosciute sono le cause che possono scatenare la depressione, ma si può affermare che queste sono collegate a due neurotrasmettitori delle cellule nervose: serotonina e noradrenalina che, nel caso di disturbi depressivi, presentano uno squilibrio determinando un mal funzionamento della trasmissione tra le cellule.

Oltre alle terapie psichiatriche o psicologiche, soddisfacenti benefici nella prevenzione e nella cura di questo grave disturbo sono riconosciuti ad un tipo di alimentazione equilibrata che, con l'utilizzo di determinati nutrienti, può agire positivamente sull'umore e sul sistema nervoso.

La relazione tra l'alimentazione e determinate malattie è studiata e dimostrata da abbondante letteratura medica; tutti sanno che se mangiamo grassi in eccesso, potremmo avere problemi di carattere cardio-vascolare; troppa carne rossa è tra le cause di patologie oncologiche, e così via. Collateralmente, si va accreditando la convinzione che una sana ed equilibrata alimentazione possa incidere positivamente sull'innalzamento del tono dell'umore e che, oltre a fornire i nutrienti necessari al buon funzionamento dell'organismo, contribuisca alla mitigazione dei sintomi depressivi.

L'assunzione di determinati nutrienti quali carboidrati, zuccheri, minerali e vitamine, può migliorare la nostra attività cerebrale e fornire energia utile a stimolare i neurotrasmettitori cerebrali come la serotonina, nota anche come ormone del buonumore. Le diete che li escludono non sono raccomandabili in caso di depressione perché la mancanza di questi nutrienti rallenta o inibisce la produzione di serotonina.

Per mitigare gli effetti di una lieve depressione - che sarà sempre e comunque curata per mezzo di terapie psichiatriche e psicologiche - è consigliabile seguire una dieta che preveda l'utilizzo di carboidrati in tutti i pasti della giornata, compresa la prima colazione. Il metodo di consumare tanti piccoli spuntini a base di cereali, come pane, pasta e riso integrale nell'arco della giornata è consigliabile se si vuole stabilizzare il livello di zucchero e di energia nel sangue, in modo da stimolare l'ormone del buonumore. Naturalmente questi alimenti vanno assunti con criterio e solamente se non ci sono controindicazioni mediche.

Una alimentazione equilibrata, quindi, può favorire l'abbassamento dei livelli di stress psico-fisico e mitigare i sintomi depressivi, purché sia ricca di omega 3, vitamine, sali minerali, antiossidanti, di cereali integrali ricchi di magnesio e accompagnata da una corretta idratazione.

La mattina, chi ha tendenza a stati depressivi, farà bene ad assumere a colazione caffè e the zuccherati e una modica quantità di dolci a base di cacao e cioccolato.

Nell'arco della giornata sono suggeriti alimenti ricchi di sali minerali e vitamine, come broccoli, uva, patate e carne di tacchino che contengono anche il cromo: un minerale che ha un ruolo determinante sui livelli di serotonina e di melatonina che aiutano a regolare le emozioni e l'umore.

Negli ortaggi, come spinaci, asparagi e cavolini di Bruxelles, è presente la vitamina B9, che aiuta il corpo a sintetizzare nuove cellule e contribuisce a regolare la serotonina. Bassi livelli di questo nutriente possono provocare stanchezza, associata a stati depressivi e insonnia.

Il ferro è importante per la funzionalità cognitiva e cerebrale: lo si trova soprattutto nelle carni e in quantità inferiore nei legumi. Bassi livelli provocano fatica e depressione.

Anche il magnesio, che si trova in mandorle, spinaci e arachidi, svolge una funzione importante nel miglioramento dell'umore e contribuisce a regolare le emozioni. Una sua carenza può provocare irritabilità, affaticamento, confusione mentale e predisposizione allo stress.

La vitamina B12 è fondamentale per la formazione e il buon funzionamento del sistema nervoso, è presente negli alimenti di origine animale, come il fegato e le interiora in genere, nelle carni, nelle uova, nel pesce e nel formaggio stagionato che deposita nel nostro organismo buone quantità di selenio e magnesio e ottime di zinco, di vitamina A, B e B12, di calcio e le proteine del latte.

Zinco e selenio sono presenti nelle ostriche e nei crostacei, nei cereali, nelle carni, nel latte e, in dosi molto elevate, nel formaggio stagionato che ne è un concentrato; questi elementi possono contribuire a calmare la trasmissione degli impulsi nervosi.

Gli Omega 3 (acidi grassi polinsaturi) contribuiscono a costituire la guaina dei neuroni e una loro assunzione inferiore a quella raccomandata, può determinare una carenza di EPA e DHA, che sono gli acidi grassi efficaci nel contrastare i sintomi depressivi. Gli Omega 3, ricchi di grassi polinsaturi, sono contenuti nei pesci grassi (salmone, sgombro, alici, sardine, aringa, tonno), negli olii vegetali monoseme di lino, nelle arachidi, mais, soia, frutta secca, mandorle e noci.

La vitamina D, importante per lo sviluppo delle cellule, è contenuta nel salmone, nel pesce spada, nel latte e nel burro. Bassi livelli di questa vitamina, sono associati a sintomi depressivi e a stili di vita molto casalinghi che, a loro volta, accrescono il livello di depressione. Assumere alimenti contenenti questa vitamina è molto importante, soprattutto nel periodo invernale quando diminuisce l'erogazione di vitamina D a causa della mancanza del suo produttore naturale: il sole. La luce solare, infatti, è un importantissimo "carica batteria" per l'organismo, fondamentale per la sintesi della vitamina D; e poi perché la luce del sole infonde ottimismo e benessere psico-fisico, allontanando i sintomi della depressione.

PER COMINCIARE A CUCINARE
mini corso di cucina per far da mangiare tutti i giorni
e tenere lontane l'ansia e la depressione

Perché una pietanza abbia successo sono indispensabili tre ingredienti di base: eccellente materia prima, discreto appetito e tanto amore. Dati per scontati gli ultimi due (l'appetito, perché sappiamo che ai lettori di queste pagine non manca, e l'amore: l'amore per ciò che si sta facendo, ma anche l'amore per i propri cari, seduti attorno alla tavola imbandita) rimane la necessità di mettere sul piatto ingredienti sani, freschi, saporiti e genuini. Possiamo dire, quindi, che un buon piatto ha inizio dal mercato, dove possiamo scegliere le materie prime migliori per le nostre preparazioni.

Iniziamo con l'Olio (con la "O" maiuscola, che equivale a dire: Olio extravergine di oliva). In Italia ce ne sono tantissimi e tutti profumatissimi, genuini e di sicuro arricchimento del piatto, a seconda delle caratteristiche che vedremo di volta in volta.

Altri elementi di base presenti nella quasi totalità delle preparazioni, in ordine di importanza, sono l'aglio (rosso, ma sempre di origine italiana e di grande qualità), i pomodori (possibilmente freschi, o, in subordine, se inscatolati, che siano di ottima qualità e solamente coltivati in Italia), le cipolle (ma anche scalogno, porro, cipollotto), il prezzemolo, il peperoncino piccante (purché sia fresco e nazionale), il sedano, la carota, gli odori (erbe aromatiche come: rosmarino, basilico, menta, salvia, maggiorana, timo, origano), patate (a pasta bianca o rossa, possibilmente della "secca": cioè coltivate in terreni aridi).

Avendo sul tavolo di lavoro questi ottimi ingredienti,

possiamo quindi procedere a preparare qualsiasi piatto come: paste, minestre, brodi, portate di carne o di pesce, arrosti, brasati, contorni, timballi, sufflè...

Tornati dal mercato, è ora di entrare in cucina. Muoviamoci con cautela, perché cucinare è una di quelle cose che, per essere davvero divertenti, vanno affrontate seriamente.

Prima di tutto facciamo il chek dell'attrezzatura: cucina a 4 fuochi, forno elettrico convenzionale, pentola-bollitore ("pila"), padelle e tegami antiaderenti, un tegame di rame, non stagnato, con manico e coperchio, testi da forno, varie boule di vetro o di acciaio, un tagliere di teflon grande, due piccoli, un coltello da cucina ("spada"), un coltello per disossare, forbici da cucina, un affilatoio, un colino, una schiumarola, un mestolo, una paletta, una pinza, cucchiai di acciaio di varie misure, cucchiai di legno (in casa sono consentiti), un forchettone, una frusta per montare (meglio se elettrica), un cutter elettrico, un matterello, una grattugia, un colapasta, torcioni bianchi ("canovacci"), una macchinetta sfogliatrice per la pasta, carta da forno, un bicchiere graduato, una bilancia.

Tutto pronto? Bene allora possiamo cominciare a partire dall'inizio.

Il trito di aglio e prezzemolo, insieme con l'Olio e un pezzetto di peperoncino è un'ottima base per piatti profumatissimi e saporitissimi. Vediamo come si fa. Con il palmo della mano esercitate una decisa pressione sul fianco del coltello da cucina, sotto il quale avrete messo uno spicchio di aglio: privatelo del vestito e dell'anima verde (germe) interna. Lavate un mazzetto di prezzemolo freschissimo, strizzatelo e mettete le foglie sul tagliere (i gambi potranno essere utilizzati per profumare un buon brodo) insieme con l'aglio. Con il coltello da cucina iniziate a sminuzzare aglio e prezzemolo insieme, fino a giungere alla grana desiderata. Questa operazione di triturazione è piuttosto complicata (e pericolosa per le dita), ma con un po' di esercizio si impara facilmente. Per la vostra sicurezza, vi consiglio di impugnare il coltello con una mano e di porre le dita dell'altra sulla parte terminale di questo; fate fulcro sulla punta e, con movimenti lenti e cadenzati, tritate gli ortaggi rigirando spesso il trito con la lama. Non mettete mai le dita in prossimità della lama e del tagliere!

Quando lo spessore della grana vi soddisfa, mettete il trito in un tegame insieme con 4 o 5 cucchiai di Olio extravergine di oliva e un pezzetto di peperoncino. Lasciate cucinare a fuoco lento (attenzione: se prende colore diventa amaro, lo dovete quindi gettare e ricominciare da capo) e quando sentite un profumo... celestiale è il momento di iniziare a preparare la base per le vostre preparazioni di carne o di pesce, semplicemente aggiungendo del pomodoro (freschi, pelati, salsa o passata).

IL SOFFRITTO

Sicuramente il soffritto è l'espediente di base per rendere saporito e aromatico ogni sugo a base di pomodoro. Per fare un buon soffritto vi serviranno un pelapatate e un coltellino; oltre naturalmente a una carota, due coste di sedano e una cipolla, preferibilmente dorata. Lavate la carota e le coste di sedano, pulitele con il pelapatate e tagliatele, nel senso della lunghezza, in tante piccole striscioline a sezione quadrata; adesso mettete le striscioline perpendicolarmente al coltello e fate tutti dadini a sezione quadrata. Sbucciate la cipolla e tagliatela a metà; poggiate la parte piatta sul tagliere e ricavate delle fettine il più sottili possibili (a velo).

Mettete in un tegame rovente l'Olio extravergine e fatelo scaldare; aggiungete il soffritto e giratelo, per far rosolare gli ortaggi da tutti i lati; fate cucinare per pochi minuti fino a quando la cipolla non diventa completamente trasparente. Potete aggiungere una spruzzatina di vino bianco secco o dell'acqua calda per evitare che le verdure si colorino troppo.

A questo punto il soffritto è pronto! Vedremo in seguito come usarlo perché sprigioni tutti i suoi profumi e i suoi sapori.

SALSE AL POMODORO

Come tutte le cose semplici, questo fantastico e salutare accostamento di ogni pasta lessata, va fatto con amore e con ingredienti eccellenti. Può essere usato in infinite varianti e potete tenerne sempre una riserva pronta in frigorifero o in congelatore. Vediamo come si fa.

Prendete un chilo di pomodori da sugo maturi. Lavateli, fateli a pezzi e schiacciateli nel passaverdure (no mixer o frullatore a immersione, per carità!) per ottenere una passata fresca e profumata. Versate 4 cucchiai di Olio extravergine in un tegame rovente, insieme a uno spicchio di aglio schiacciato. Lasciate insaporire per pochi secondi l'aglio, quindi toglietelo e contemporaneamente aggiungete un cucchiaio di conserva di pomodoro. Aiutandovi con il mestolo di legno, schiacciate la conserva sul fondo del tegame e fatele prendere calore per un paio di minuti, fin quando non sentirete sprigionarsi l'odore inconfondibile degli zuccheri caramellati del pomodoro. Solo a questo punto, mantenendo la fiamma alta, versate la passata di pomodoro fresco (se non avete i pomodori freschi, potete utilizzare pari peso di pelati di ottima qualità) e lasciate cucinare per una decina di minuti, girando spesso e sempre a fiamma alta.

E' molto importante mantenere la fiamma sempre alta e non coprire il tegame, se si vuole abbassare il tasso di acidità del pomodoro ed ottenere un sugo fantastico.

Ma non è questo l'unico modo per condire la nostra pasta quotidiana: ce ne sono almeno altri 364: uno al giorno. Qui, ne vedrete solo alcuni.

Ditalini rigati al sugo "pazzo"

Ingredienti: una cipolla bionda di media grandezza; un mazzetto di basilico; parmigiano.

Dopo che si sarà preparato il sugo, nel modo appena descritto, tagliate a "velo" una cipolla bionda di media grandezza; in una padella calda, aggiungete poco Olio extravergine di oliva e la cipolla e lasciate soffriggere per pochi minuti. Quando il profumato ortaggio diventa trasparente, è il momento di aggiungere la salsa di pomodoro e di farla insaporite per 5 minuti, dopodiché il sugo è pronto.

Secondo me, questo sugo sprigiona tutto il suo aroma con i ditalini piccoli rigati, mangiati con il cucchiaio e spolverati con del parmigiano 24 mesi, appena grattato!

Orecchie di prete al forno

Ingredienti: prezzemolo; un peperone dolce verde; 4 cucchiai di Olio extravergine; una mozzarella di 3 o 4 giorni; 2 etti di ricotta secca grattugiata.

Lavate il peperone e un mazzetto di prezzemolo; dopo averlo lavato e privato dei semi, tagliate il peperone in piccoli pezzi; private il prezzemolo delle foglie gialle e dei gambi e tritatelo finemente. Una volta terminata questa operazione, mettete le verdure in una padella con l'Olio. Fate cucinate per pochi minuti, quindi aggiungete la salsa di pomodoro e insaporite per 5 minuti.

Lessate la pasta, molto al dente, e conditela con il sugo, la mozzarella tagliata a dadini e il parmigiano. Mettete il tutto in un testo e passate in forno per 20 minuti ad elevata temperatura (180°C - 200°C).

Pennoni al sugo di soffritto

Ingredienti: ½ bicchiere di Olio extravergine di oliva; una carota; una cipolla; 2 coste di sedano; un cucchiaio di conserva di pomodoro; parmigiano.

In una padella calda, mettete 4 cucchiai di Olio e tuffatevi gli ortaggi tagliati a dadini regolari. Quando si saranno rosolati, aggiungete al fondo la conserva e fate caramellare gli zuccheri fino a quando non si sprigionerà un intenso e gustosissimo odore. Solo a questo punto aggiungere la salsa di pomodoro già preparata e fatela cucinare per pochi minuti. Condite la pasta al dente con una spolverata di parmigiano grattato.

Mezze zite al sugo alla napoletana

Ingredienti: origano secco; aglio; pecorino grattugiato.

Una variante molto semplice, ma dal risultato che vi sorprenderà!

Alla salsa già preparata nel modo descritto, aggiungete uno spicchio di aglio schiacciato e, solo a questo punto, accendete la fiamma; lasciate scaldare, ma non bollire.

Quando il sugo sarà pronto, togliete l'aglio e aggiungete l'origano. Avrete così a disposizione un sugo profumatissimo che si sposerà perfettamente con le mezze zite spezzate a metà e una grattatina di pecorino.

Paccheri alla puttanesca

Ingredienti: una manciata di olive verdi di Gaeta denocciolate; ½ bicchiere di Olio extravergine di oliva; 2 cucchiai di conserva di pomodoro; ½ cucchiaio di capperi sotto sale; uno spicchio d'aglio; 4 filetti di acciughe sotto sale; prezzemolo fresco; 2 cucchiai di Olio; un peperoncino piccante.

Per prima cosa lavate i capperi sotto acqua corrente. Con il dorso di un coltello togliete il sale dalle acciughe e privatele delle lische (ma non lavatele!); tagliate a metà le olive e tritate il prezzemolo, dopo averlo lavato e nettato.

In una padella fate imbiondire, nell'Olio, l'aglio schiacciato e poi aggiungete le acciughe facendole sciogliere; togliete l'aglio e aggiungete del peperoncino piccante. Unite i capperi e le olive e lasciate cucinare a fuoco basso per 2 o 3 minuti.

A questo punto aggiungete la salsa di pomodoro e lasciate cucinare per 10 minuti. Aggiungete una spolverata di prezzemolo e regolate di sale (ma fate attenzione perché le acciughe e i capperi hanno già dato il loro apporto salino). Provate questa salsa con i paccheri lisci: sono fantastici!

IL RAGU'

*'O rraù ca me piace a me
m' 'o ffaceva sulo mammà.
A che m'aggio spusato a te,
ne parlammo pè ne parlà.*

Assunto, come postulato, questo verso del Grande Eduardo, cerchiamo di capire come sia possibile ottenere un risultato più che accettabile, anche in assenza di mamme o nonne, senza passare delle ore vicino ai fornelli accarezzando con il cucchiaio di legno quella complessa e delicatissima preparazione che aveva inizio nelle prime ore della mattina, quasi sempre di domenica e che spandeva il suo inebriante profumo per tutta la casa ricordando alle persone presenti che era una giornata di festa.

Per definizione, il ragù di carne (dal francese ragoût, sostantivo derivato da ragoûter, cioè "risvegliare l'appetito") è un intingolo utilizzato per condire paste asciutte al forno, o ripiene. Viene preparato con un trito di verdure (sedano, carota e cipolla, aglio, odori) e grasso (Olio, strutto, pancetta, lardo, prosciutto, burro) in cui si fa stufare - per un tempo che va da un'ora a 3,5 - carne (macinata, o spezzata o in grandi pezzi), mantenendola in ambiente umido con l'aiuto di vino, latte, acqua. A seconda dell'utilizzo o meno di pomodoro (fresco, in salsa, a pezzi, in conserva) il ragù può essere bianco o rosso, di pesce (spigola, astice, cernia, spigola, scorfano) o vegetale.

In Italia esiste una quantità praticamente infinita di versioni per preparare il ragù. Questo numero è reso ancora più indefinito dalle varianti con cui viene preparato, che cambiano di regione in regione e addirittura di casa in casa. Noi, in questa sede, parleremo di un grande classico della cucina italiana: il ragù alla "genovese".

Contrariamente a ciò che si potrebbe pensare, la genovese rappresenta il tipico ragù napoletano. Non ha niente a che fare ne' con Genova ne' con i genovesi, ma si ritiene derivi da una distorsione del fonema "Genéve": sembra, infatti, che i napoletani restassero affascinati dal modo di cucinare la carne usato dalla guarnigione Svizzera, al servizio dei Borboni, che facevano largo uso di cipolla, a cominciare dalla "soupe a' l'oignon". Infatti nella "genovese" napoletana la cipolla costituisce la base di partenza.

Per prima cosa si fanno rosolare le cipolle, tritate insieme con una costa di sedano, in ½ bicchiere di Olio extravergine e un po' di lardo o pancetta di maiale battuti a coltello. La quantità delle cipolle deve essere almeno pari al peso della carne (un kg / un kg); questa dovrà essere di manzo, venata di grasso, e adatta per lunghe cotture (va benissimo il codone, il cappello del prete o i biancostato di reale). Quando le cipolle si saranno appassite, aggiungete la carne e lasciatela sigillare su tutti i lati a fuoco vivace. Unite ½ cucchiaio di conserva di pomodoro e sfumate con ½ bicchiere di vino rosso. Salate, pepate e lasciate cuocere a fuoco lento, rigirando spesso la carne e la cipolla e aggiungendo dell'acqua calda (o di brodo di carne)

Il punto di cottura ottimale si raggiunge quando della cipolla non resta traccia e si trasforma in una sublime cremina (N.B.: per favore niente frullatore a immersione o diavolerie simili!).

A questo punto il ragù è pronto è farà resuscitare i morti! A proposito: la morte sua è con gli ziti spezzati e conditi con una grattatina di pecorino.

BRODO DI CAPPONE

Nel brodo - o consommé, o "brodo per gli ammalati" di Pellegrino Artusi - è raccolta e concentrata l'essenza della carne e degli odori. All'analisi chimica, questo straordinario prodotto della cucina, le cui origini risalgono agli albori dell'umanità, risulta essere costituito in gran parte di acqua, di una piccola quantità di proteine e di limitate quantità di grassi, con un valore calorico che oscilla tra le 0,7 Kcal. (brodo magro) e le 97 Kcal. (brodo grasso), capaci di fornire all'organismo umano sensazioni favorevoli e benefiche, mettendo anche in moto il complesso sistema dei neuromediatori intestinali.

Tanti sono i brodi, quanti sono i tipi di carne: esistono brodi di pesce, di animali diversi, come la tartaruga, di verdure o altri vegetali diversamente trattati (come il caso del brodo di patate tostate, di moda nel Regno

Unito); e ovviamente quelli misti, fatti da più tipi di carne, verdure diverse e via dicendo.

Rimanendo tra i brodi di carne, oltre quello "di terza" (ottenuto da tre diversi tipi di carne), merita un cenno quello di ossa. Apparentemente l'osso non dovrebbe dare alcun brodo, ma si dimentica che l'osso, soprattutto quello spugnoso, oltre che trasferire al brodo sostanze aromatiche, di odore e sapore intenso, trasferisce anche componenti grasse e, soprattutto, le preziose lecitine, tanto utili per il controllo del colesterolo del sangue.

Tra i profumi caratteristici del brodo, fondamentale è quello del sedano, sempre presente, e della cipolla, della quale si può fare anche a meno. Varie sfumature si possono ottenere aggiungendo stecche di cannella, chiodi di garofano, pepe in grani, foglie di alloro. Un altro tocco di classe si può dare facendo tostare in una padella la parte tagliata della cipolla, fino a che non diventi di colore bruno.

Da ultimo va considerato il formaggio, soprattutto quello di latte vaccino a lunga staglonatura, come il Parmigiano Reggiano. Deve essere finemente grattugiato all'istante sul piatto, perché sia fresco e, soprattutto, possa immediatamente sciogliersi nel brodo, segno questo della sua qualità.

Mondate le cipolle, le carote e il sedano che versate in una capiente pentola piena di acqua fredda; salate e immergetevi il cappone, dopo averlo privato delle più piccole piumette e passato alla fiamma e poi sciacquato sotto acqua corrente. Ponete sul fuoco medio e portate lentamente a bollore; abbassate la fiamma e coprite. Lasciate sobbollire dolcemente per circa 2 ore. Durante questo periodo, con un mestolo forato "schiumate" il brodo: ossia raccogliete quella parte di grassi e di impurità che per effetto della bollitura salgono a galla. Fate sobbollire il brodo molto lentamente, tenendolo coperto, e lasciatelo cuocere a fuoco bassissimo per almeno un'altra ora. Prelevate le verdure e la carne, regolate nuovamente di sale, se necessario, e filtrate con un colino stretto.

Dal sapore intenso e gustoso, è l'accompagnatore ideale per i tortellini, che vanno cotti, per uno, massimo due minuti, direttamente nel brodo bollente.

IL BOLLITO

In una pentola, piuttosto alta e stretta, fai bollire dell'acqua con cipolla, carota, costola di sedano e un mazzetto guarnito con prezzemolo, alloro e timo. Quando l'acqua avrà raggiunto il bollore aggiungi il sale e immergi il pezzo di carne (magari legato, per tenerlo in forma).

Dopo qualche minuto di cottura cominceranno ad affiorare in superficie le prime impurità, che vanno subito tolte con un mestolo. A questo punto si possono aggiungere alcuni grani di pepe (che, messi prima, verrebbero eliminati dal mestolo forato).

Abbassa il fuoco al minimo, in modo che il bollore sia insensibile (la turbolenza dell'ebollizione sfilaccerebbe le fibre e renderebbe la carne stopposa). Il tempo di cottura del bollito si aggira intorno alle 3 ore; comunque per verificare se il pezzo di carne è cotto a puntino il sistema c'è: infila una forchetta al centro oppure nella parte più spessa, se è pronto non dovrà opporre resistenza.

Ultimata la cottura trasferisci il bollito su un tagliere, privalo dello spago (se c'è) e taglialo a fette spesse circa 8 mm. utilizzando un coltello a lama lunga e liscia. Se non servi subito la carne lasciala nel brodo, altrimenti tende a diventare stopposa. Disponi le fette di carne in un piatto da portata e servi. Puoi accompagnare un bollito con una classica salsa verde, oppure con senape piccante, maionese e mostarda di Cremona. E non dimenticare una ciotola con i sott'aceto.

Il bollito per eccellenza contempla l'uso di sola carne di manzo. Se vuoi un bollito misto, aggiungi un pezzo di vitello e mezzo cappone; per un gran misto, invece, occorre anche della lingua e un pezzo di testina, entrambi di vitello, e un cotechino.

Durante la cottura il bollito non va mai abbandonato a se stesso; specie nella parte iniziale deve essere ripetutamente schiumato per eliminare le impurità che affiorano in superficie (prodotte dalle proteine coagulate). Per essere sicuri che l'acqua mantenga un bollore insensibile, tieni il fuoco bassissimo e il recipiente semicoperto.

CARCIOFINI SOTTOLIO

Per preparare questa conserva, che si presta ad accompagnare egregiamente le carni lesse del brodo, mi occorrono: un kg. di carciofi piccoli, possibilmente della stessa grandezza; un limone; un lt. di aceto di vino bianco; un bicchiere di vino bianco secco; Olio extravergine di oliva; 2 foglie di alloro; pepe nero in grani; sale.

Pulite i carciofini dalle foglie esterne più dure, tagliateli a metà nel senso della lunghezza e immergeteli mano a mano in un ciotola con dell'acqua acidulata con del succo di limone, per evitare che diventino neri. Tuffateli poi con delicatezza, pochi alla volta, in una pentola dove bolle l'aceto assieme al vino bianco, l'alloro e il sale. Riportateli di nuovo ad ebollizione e fate sobbollire lentamente per 4 minuti. Trascorso questo tempo, scolate i carciofini e fateli asciugare, per una nottata, su un canovaccio perfettamente pulito.

Quando sono perfettamente asciutti, versateli in vasetti di vetro ben puliti, asciutti e sterilizzati (per farlo mettete i vasetti lavati e i rispettivi tappi in forno a 100° C. per 20 minuti) mettete quà e là i grani di pepe, ricopriteli poi con l'Olio extravergine di oliva e tappateli ermeticamente. Vanno conservati, quindi, in un luogo asciutto e buio per circa un mese, prima di consumarli.

"RISOTTO" E NON RISO

Il riso si distingue, fondamentalmente, in base alla misura e alle dimensioni dei suoi chicchi: quelli lavorati in Europa, nella Cina del Nord e in Giappone sono corti e tondeggianti, mentre quelli che provengono dal coltivazioni indiane e del Sud-est asiatico sono più stretti e affusolati.

In Italia i risi più diffusi vengono divisi in 4 diverse categorie: tondo, fino, semifino e superfino.

Il Riso tondo ha chicchi piccoli e tondeggianti e cuoce in 12-13 minuti; durante la cottura tende a rilasciare amido, il che lo rende adatto alla preparazione di minestre in brodo, timballi e dolci; le varietà più conosciute sono Auro, il Balilla, l'Originario, il Pierrot, il Raffaello, Il Rubino, il Selenio.

Il Riso fino è ottimo per preparare timballi e supplì; i suoi chicchi sono affusolati e lunghi. Cuoce in 14 minuti ed è molto apprezzato per la sua estrema versatilità in cucina. Le varietà sono l'Ariete, il Cervo, il Drago, il Razza 77, il Ribe, il Veneria.

Il Riso semifino si distingue per i chicchi tondeggianti, semiallungati e di media grandezza; è dotato di una buona capacità di rilasciare l'amido; caratteristica che fa

47

sì che si presti alla preparazione di minestroni, supplì, timballi e risotti in cui è prevista la mantecatura, nella tipica preparazione "all'onda". Cuoce in 13-15 minuti. Tra le varietà si segnalano l'Italico, il Lido, il Padano, il Vialone nano.

Il Riso superfino presenta chicchi grandi e molto lunghi, tiene bene la cottura e rilascia pochissimo amido, tanto da restituire, a fine cottura, l'acqua quasi limpida. Per questo è indicato nella preparazione di insalate e di piatti come la paella, in cui i chicchi debbono rimanere ben sgranati. Tra le sue varietà si contano l'Arborio, il Baldo, il Carnaroli, il Corallo e il Roma.

Il riso è utilizzato come pane per sfamare il mondo, perché è indubbiamente uno degli alimenti più diffusi e che può essere utilizzato in svariati modi. Per questa ragione, sono numerosissime le varietà di riso che si trovano in natura, ma qui cercheremo di raggrupparle in macro gruppi a seconda del loro utilizzo in cucina.

Riso a cottura rapida: viene sottoposto a una leggera cottura a vapore, seguita da disidratazione; è un prodotto precotto, utilizzato soprattutto nella ristorazione data la brevità dei tempi di cottura.

Riso integrale: viene sottoposto ad un rapido processo di raffinazione che lascia quasi inalterato il suo contenuto di vitamine, minerali e fibre.

Riso parboiled: dopo essere stato in acqua per uno o due giorni, il riso integrale è sottoposto ad un trattamento, con vapore, che favorisce il passaggio delle componenti idrosolubili, come le vitamine ed i sali minerali, dai tegumenti esterni verso l'interno del chicco. Dopodiché si esegue un rapido essiccamento. Questo tipo di riso mantiene un colorito più giallo rispetto al riso comune. La varietà Ribe è quella che si presta di più a questo tipo di trattamento.

Diciamo subito che per preparare un ottimo risotto è necessario utilizzare un buon brodo: vegetale per risotti vegetali, di carne o di pesce, a seconda della ricetta.

La scelta del tipo di riso - Arborio, Roma, Vialone Nano - è importante, ma non fondamentale. Per un risotto preparato "a mestiere", io uso un Vialone Nano perché ha una ottimale percentuale di amido, che rende la preparazione più cremosa, più al dente e più gustosa.

Per preparare un buon risotto, io faccio il soffritto di cipolla e olio (e/o burro) in un padellino a parte e poi, prima di aggiungerlo, lo passo al colino per avere il sapore della cipolla (o del porro, o del cipollotto, o dello scalogno) senza sentirla sotto i denti.

Uso la sfumatura con il vino (bianco o rosso a seconda della ricetta) solo con le carni o con il pesce; quasi mai con i vegetali, perché dà una nota troppo acida.

Se utilizzo lo zafferano, lo faccio solo dopo averlo fatto ammorbidire in un po' di brodo caldo. Si può usare sia in polvere, sia in stami ed aggiunto verso la metà della cottura; l'importante è che sia di ottima qualità e, possibilmente, dell'Aquila.

Se preparo un riso con le verdure o un risotto al pomodoro, aggiungo gli ingredienti appena dopo la tostatura del riso; quando preparo un risotto a base di carne (pancetta, salsiccia e polpettine) aggiungo gli ingredienti sempre dopo la tostatura; i pesci e i crostacei li metto nella risottiera verso la fine, dopo averli saltati in padella per un paio di minuti con un po' di Olio extravergine. Analogamente, se preparo un risotto ai funghi, faccio prima stufare i funghi tagliati a pezzetti in un tegame 2 o 3 minuti prima della cottura del riso, quindi li aggiungo nella risottiera insieme al loro fondo di cottura.

Risotto alla milanese

Vediamo ora come fare per preparare un risotto allo zafferano dell'Aquila, che nel mondo chiamano "alla milanese". Prepariamo, innanzitutto, un buon brodo vegetale utilizzando una cipolla dorata, due carote, due coste di sedano, una patata, una zucchina, una foglia di bieta o una foglia di lattuga; mettiamo tutte le verdure in una pentola piena di acqua fredda e portiamo a bollore, salando a piacere.

Tritiamo due scalogni e mettiamoli in una padellina ad appassire con un po' di Olio extravergine (o burro) su una fiamma bassa.

Nel frattempo, in una risottiera, mettiamo, tutto in una volta, un po' di Olio (o 2 noci di burro), uno spicchio di aglio rosso vestito (è un optional) e il riso prescelto. Facciamo sciogliere il burro e lasciamo che il riso prenda calore girando di continuo molto delicatamente. Se lo abbiamo messo, togliamo lo spicchio d'aglio e gettiamolo via. Dopo che il riso si sarà tostato per qualche minuto nel fondo di Olio (o burro) bollente, iniziamo la cottura aggiungendo il brodo bollente a piccole dosi e girando con una spatola di silicone da cucina.

A metà della cottura aggiungiamo lo scalogno appassito e, dopo averlo filtrato, lo zafferano; proseguiamo la cottura del risotto non lasciandolo mai da solo sul fuoco: il continuo rimestare del riso nella risottiera e il conseguente sfregamento dei chicchi fra di loro, fa sì che l'amido fuoriesca e che il riso diventi cremoso.

La difficoltà sta nel giungere a cottura lasciando il riso né troppo asciutto né troppo brodoso; la sua consistenza deve essere "all'onda". Regoliamo di sale e, a fiamma spenta, aggiungiamo ancora una un po' di Olio o una bella noce di burro e del parmigiano appena grattugiato. Questa operazione si chiama "mantecatura" ed è fondamentale perché si ottenga un buon "risotto" piuttosto che un semplice... "riso"!

CUCINARE IL PESCE

Il pesce di acqua salata è uno degli alimenti più gustosi e ricchi di elementi nutritivi, indispensabili per una sana ed equilibrata alimentazione. Cucinarlo, è una delle cose più divertenti e facili che si possano fare sui fornelli. A condizione di avere ottimi ingredienti come: Olio extravergine di oliva, aglio rosso, prezzemolo, vino bianco, pomodori maturi e, naturalmente, pescato freschissimo! Con queste premesse è davvero difficile sbagliare un piatto, soprattutto se seguite qualche semplice consiglio.

Astice alla griglia

L'astice è un crostaceo che vive prevalentemente nell'Oceano Atlantico, ma è facilmente reperibile anche nel Mediterraneo nella varietà "blu" molto pregiata, che viene utilizzato in tantissime ricette.

Dopo averlo lavato, si mette per 6 minuti in acqua salata bollente con sedano, cipolla, aglio, alloro. I tempi di cottura variano a seconda della grandezza del crostaceo, che sarà cotto a puntino quando il carapace avrà assunto un bel colore arancione vivo. Dopo la cottura può essere spaccato a metà, passato sulla griglia con brace viva e servito con olio di oliva e limone. Oppure si può gustare semplicemente, dopo la bollitura, ricoperto da una concassé (francesismo per indicare il modo di tagliare le verdure a piccoli cubetti regolari) di pomodori da giardino.

Salsa ai moscardini

Fateli pulire dal pescivendolo, oppure, con un coltellino togliete il becco coriaceo che si trova al centro dei tentacoli. Rovesciate la sacca della testa e pulitela.

Il primo tipo di piatto, che potete preparare con i moscardini, è il risotto: in una risottiera fate soffriggere dello scalogno in ½ bicchiere di Olio extravergine di oliva; tuffatevi i moscardini tritati finemente (ma lasciatene interi tanti quanti sono i piatti che dovere preparare); appena riprende il bollore, gettate il riso e portate a cottura aggiungendo del fumetto di pesce bollente o acqua calda; a fine cottura spolverate con prezzemolo tritato.

Paccheri con i Pulpetielli affogati

Se, invece, avete intenzione di utilizzare i moscardini come condimento per la pasta, fate in questo modo: in un capiente tegame rovente fate scaldare ½ bicchiere di Olio extravergine di oliva con una cipolla tritata e un bel pezzetto di peperoncino piccante; appena la cipolla appassisce, gettate i pulpetielli (una parte tritati e i restanti lasciati interi: tanti quanti sono i piatti da servire) alzate la fiamma e lasciateli insaporire con una spruzzata di vino bianco; dopo una decina di minuti, aggiungete la salsa di pomodoro e fate cucinare per 20 minuti.

A questo punto scolate i paccheri che avrete precedentemente lasciato cuocere al dente in acqua salata e versateli nel tegame dei pulpetielli, lasciandoli insaporire per uno o due minuti; spolverate con prezzemolo tritato e servite.

Scampi

Gli scampi sono crostacei, con la polpa pregiata, dal colore rosato con sfumature che vanno dal giallo all'arancio e possono raggiungere anche la lunghezza di circa 25-30 centimetri. Vivono ad una profondità di 80 metri e sono presenti in colonie in Adriatico e in Tirreno. Sono ricchi di sali minerali come: sodio, potassio, calcio, fosforo, magnesio e selenio e sono particolarmente indicati nelle diete, perché hanno un basso apporto calorico rispetto ad un'elevata quantità di proteine. Gli scampi vanno acquistati non "inerti": cioè, ancora vivi, devono presentare occhi neri e sporgenti e il corpo solido e compatto. Prima di cucinarli è opportuno sciacquarli sotto l'acqua corrente per eliminare residui sabbiosi. inoltre, da quelli di taglia più grande, è necessario estrarre il tubo digerente che è piano di sabbia: con un coltellino ben affilati, pratico una incisione longitudinalmente sulla parte superiore del mollusco, privato del carapace e con uno stecchino di legno estraggo il tubicino nero (ripeto: l'operazione è piuttosto complicata, ma è indispensabile nel caso di scampi di media o grossa taglia).

Gli scampi sono ottimi se leggermente bolliti (2 minuti) in acqua salata e conditi con un filo di Olio extravergine di oliva e un trito sottile di prezzemolo.

Sono celestiali alla brace, dopo averli passati in una marinata di Olio extravergine di oliva, limone e cipollotto.

Sono sublimi crudi, se privati del carapace e lasciati marinare per 10 minuti in una vinagrette (olio, limone, sale e pepe bianco).

Ma la "morte" loro è saltati alla fiamma: in una padella di rame fate appassire in 4 cucchiai di Olio un cipollotto tagliato a velo; quando tutto è ben caldo, tuffate gli scampi (meglio se scamponi), insieme ad un rametto di rosmarino e saltateli per 3 minuti; aggiungete un bicchierino di whisky, non torbato, e fate prendere calore al liquido fino a quando, accostandolo alla fiamma, prende fuoco. Svaniti i vapori sprigionati dall'alcool, le fiamme si spengono. Gli scamponi al whisky sono eccezionali con una grattatina di bottarga di muggine e un pizzico di prezzemolo tritato fine fine.

Polpo in insalata

Conosciuto anche come piovra, o octopus, il polpo, oltre ad avere 8 tentacoli (octo = 8 e pous = piede) ha un gusto assolutamente unico e offre uno scarso apporto calorico: caratteristica che lo rende particolarmente apprezzato, soprattutto dal pubblico femminile. Gli individui che appartengono alla famiglia dei polpi presentano una doppia fila di ventose su ciascun tentacolo, mentre nei moscardini - meno pregiati - se ne trova solamente una su ogni tentacolo. Viene pescato in abbondanza da maggio a luglio e da settembre a fine anno.

Per pulirlo, dovete aprire la testa longitudinalmente, iniziando dalla base per svuotarla di tutti gli organi interni. Asportate anche gli occhi e il becco coriaceo tra i tentacoli.

Dopo averlo pulito in acqua corrente (o di mare), con un mattarello battetelo per alcun i minuti, in modo da snervarlo e renderlo tenero. Una buona pratica, per renderlo davvero tenero, può essere anche quello di congelarlo prima di cuocerlo. Infatti, l'octopus è uno dei rari esempi di pesce che si può cucinare anche congelato.

Prima di utilizzarlo, è indispensabile lessarlo. Vediamo come: fate intiepidire in una pentola dell'acqua non salata (il sale indurisce le carni), insieme con una cipolla, una carota, un gambo di sedano, una foglia di alloro; immergete il polpo tuffandolo e poi togliendolo, per tre volte dalla pentola; coprite con il coperchio e, quando inizia a bollire, abbassate la fiamma; lasciatelo cuocere per circa 35 minuti (circa 20 minuti per ogni 500 gr. di polpo, comunque verificatene la cottura con una forchetta). A cottura ultimata, spegnete la fiamma, lasciatelo raffreddare nel suo brodo, toglietelo dalla pentola e ponetelo su di un tagliere, dove lo farete a pezzetti. Utilizzatelo per fare una insalata fredda (con patate lesse, aglio, prezzemolo, Olio nuovo e aceto o limone), oppure brasato (con Olio extravergine, cipolla, aglio, peperoncino, poco pomodoro, rosmarino, timo e patate).

Piovra in pignata

Un altro ottimo modo per cuocere il polpo, è quello che

si ispira ad un vecchio adagio napoletano "o purpo se coce 'int all'acqua soja" (lett: "lasciare che una persona, che non accetta consigli, faccia esperienza a proprie spese") e che appunto prevede di non utilizzare altro liquido che non sia quello prodotto dal polpo stesso durante la cottura: prendo un polpo e lo metto in un coccio dove prima ho fatto appassire nell'Olio della cipolla, sedano, carota, aglio, peperoncino, rosmarino, ecc, ecc... insieme a un paio di pomodori pelati schiacciati; inserisco il "tentacolato", gli faccio assorbire bene tutti gli odori e l'Olio extravergine, copro con un coperchio e porto a cottura per almeno 45 minuti.

Piovra brasata al vino rosso

In un tegame di terracotta mettete a soffriggere nell'Olio, un aglio schiacciato con tutto il velo e un pezzetto di peperoncino; aggiungete i pezzi di polpo precedentemente lessato e fate insaporire nel fondo per 5 minuti; coprite con un buon vino rosso giovane; quando il polpo avrà bevuto tutto il vino e sul fondo del tegame resterà un saporito e denso sughetto, servite in ciotole di terracotta calde, spolverato con del prezzemolo tritato.

Seppie

Tra i gasteropodi, è il più gustoso e versatile. Per la pulizia, è necessario eliminare l'osso presente al suo interno, la sacca contenente l'inchiostro (che dovrà essere tenuta da parte) e gli organi interni; la parte scura della seppia, ovvero la pelle, deve essere

57

anch'essa eliminata.

Tra i metodi di cottura, il più utilizzato è quello di arrostirle sulla brace viva, dopo aver praticato delle piccole incisioni diagonali sulla sacca.

A parte la banalissima pietanza "seppie, zafferano e piselli", tanto abusata dall'industria del surgelato, nonché le scontatissime "seppie ripiene", la sublimazione di questo tentacolato si realizza nella zuppa di pesce e nella salsa al nero di seppia.

Prepariamo questa squisita salsa, ideale per condire un'indimenticabile spaghetto dal colore dell'inferno: togliete e mettete da parte le sacche dell'inchiostro e riducete la seppia a striscioline della larghezza di una tagliatella; in un tegame mettete a soffriggere, nell'Olio extravergine di oliva, un porro tritato a velo e la seppia; dopo pochi minuti aggiungete un mestolo di salsa di pomodoro concentrato e lasciate cuocere, a fuoco vivace, per una decina di minuti; fatta questa operazione aggiungete le sacche con il nero e mescolate fino a quando tutta la salsa non sia diventata nera come l'asfalto. Usatela per condire gli spaghetti al dente che, prima di servire, cospargerete di verdissimo prezzemolo tritato.

Pesce azzurro

Il pesce azzurro è, popolarmente, chiamato così perché la sua colorazione dorsale è blu o verde ed ha il ventre argenteo. E' ricco di omega 3 e contiene grassi insaturi che risultano utilissimi per lo sviluppo del sistema cerebrale e per l'equilibrio cardiovascolare. Generalmente sono pesci di taglia piccola, ma ci sono anche delle eccezioni. In questa categoria si contano, tra i pesci di taglia piccola: la sardina, l'alice, il lanzardo, l'aguglia, lo sgombro, l'alaccia, il sugarello e il pesce sciabola. Tra quelli di taglia più grande: la ricciola, il tonno e il pesce spada. Ci sono modi infiniti per cucinare il pesce azzurro; ma ne esiste uno che, per me, è quello che ne esalta tutto il sapore di mare e la freschezza.

Alici allo "scottadito"

private le alici delle interiora (per farlo, inserite un ditino da dietro e spingetelo in direzione della testa tenendo il pesce sotto un filo d'acqua), sciacquate e asciugate; in una boule mettete del pane grattugiato insieme a una manciata di uva sultanina ammollata e strizzata, una di prezzemolo tritato, un cucchiaio di pinoli, 2 spicchi di aglio tritati finemente, un bicchiere di vino bianco secco, ½ bicchiere di Olio, sale, pepe); mescolate con le mani fino ad ottenere piccoli grani delle dimensioni del cous cous; riempite le alici con questo composto e allineatele su una graticola a libro; irrorate con una emulsione di olio e limone e mettete sulle braci vive fino a quando non diventino abbrustolite; servitele con fettine di limone e foglie di alloro.

Spada marinato in forno

Quella del pesce spada è una delle carni più apprezzate

per le sue proprietà organolettiche e nutrizionali. Si cucina a fette, dello spessore di un dito, come una bistecca di bovino, ma con tempi di cottura molto più ristretti. Il consiglio è quello di marinare la carne dello spada (ma va benissimo anche quella di tonno) prima di cuocerla. In una ciotola preparate un'emulsione a base di Olio extravergine di oliva, succo e buccia grattugiata di limone, origano, sale. Ponete la carne nell'emulsione per 30 minuti, dopo di che la scolate e la ponete in una teglia rivestita di carta da forno. Coprite le fette di spada con un cucchiaio di capperi dissalati, una manciata di olive taggiasche denocciolate e qualche pomodorino spaccato a metà. Una macinata di pepe nero e infornate a 180°C per 20 minuti.

FARINE E FARINA

Grano tenero e grano duro sono i due tipi principali di frumento da cui si ottengono le farine. Si differenziano tra di loro sia dal punto di vista nutrizionale che per i diversi utilizzi in cucina. Si differenziano anche a livello strutturale: il duro si caratterizza per una spiga che presenta lunghe reste (filamenti terminali), mentre nel grano tenero sono quasi del tutto assenti. Inoltre il chicco del grano duro è più "duro" rispetto a quello del grano tenero e presenta una forma leggermente allungata, mentre quello del grano tenero si rompe più facilmente e risulta più tondeggiante. Il grano duro cresce e si ambienta bene in terreni assolati (ad es. il tavoliere delle Puglie) mentre quello tenero preferisce un clima più freddo e umido (ad es. la pianura padana).

La farina di grano tenero contiene meno proteine, rispetto alla farina del grano duro, ed ha un assorbimento di acqua minore, per cui l'impasto risulta facilmente malleabile. Si presta molto bene nella preparazione di impasti lievitati per pizze, dolci, biscotti. Questo tipo di farina è particolarmente adatto per la preparazione della pasta all'uovo: sia da sola che in abbinamento ad altre farine.

La farina (o semola) ottenuta dal grano duro presenta una grana più spessa, di colore tendente al giallo. L'impasto ottenuto da questo tipo di farina risulta meno estendibile e malleabile, rispetto a quello ottenuto con farina di grano tenero; caratteristica, questa, che lo rende adatto sia per la panificazione che per la produzione di pasta secca. La farina di grano duro possiede una buona capacità di assorbimento di acqua e per questa ragione, i prodotti ottenuti da questo tipo di farina, presentano un buon indice di conservazione.

La farina è un prodotto utilizzato per la preparazione di paste, lievitati, dolci. Si ottiene, per lo più, dalla macinazione di cereali o di granaglie: i chicchi vengono selezionati, puliti e macinati mediante molitura grazie a cilindri o mole in pietra che sminuzzano i chicchi, producendo farina. Quindi, attraverso successive e diverse fasi di raffinazione, la farina viene separata dalla crusca e si suddivide in diversi tipi:

La farina "00" ha una grana finissima e si ottiene

mediante la macinazione con rulli di acciaio finissimi. In questo tipo di farina vengono eliminate le parti esterne del grano, come le fibre, il germe e le vitamine, mentre vengono trattenute le altre componenti, quali l'amido e il glutine. Questo tipo di farina presenta una colorazione bianchissima e risulta molto facile da lavorare per ottenere impasti e lavorati morbidi e soffici, per lo più dolci.

La farina "0" si ottiene mediante il procedimento appena descritto, ma presenta una grana leggermente più spessa, rispetto alla precedente. Viene utilizzata per la preparazione di paste lievitate come pane, pizza e focaccia.

La farina di tipo "1" si ottiene attraverso macinatura a pietra - più "morbida" rispetto a quella ottenuta con i rulli di acciaio - che consente di non scartare il germe di grano e di garantire un maggiore apporto di sostanze nutritive rispetto alle precedenti. E' consigliata per preparare impasti rustici per pane, focacce, pizze, dolci.

La farina di tipo "2" (o semi integrale) essendo di spessore maggiore rispetto al tipo "1" presenta una maggiore quantità di fibre e di germe di grano. E' consigliata per la preparazione impasti lievitati rustici e nutrienti.

La farina integrale è macinata con mole di pietra e presenta pressoché intatte le varie componenti nutritive. Viene utilizzata per preparare pane e pasta integrale.

La farina Manitoba - che arriva dal Canada e dal Nord America - è indicata per preparare impasti lievitati e soffici per pane, pizza e dolci. È prodotta mediante macinatura di comunissimo grano tenero che, essendosi adattato alle condizioni climatiche e ambientali del luogo dove viene coltivato, è diventato più resistente di quello prodotto nel resto del mondo, grazie anche ad una maggiore percentuale di glutine e di altre proteine, che ha sviluppato come difesa per sopravvivere. E' utilizzata per preparare impasti per il pandoro e il panettone, oltre che per tutti gli altri prodotti che si desiderano morbidi, gonfi e soffici.

La salsa "besciamella"

La besciamella (o salsa bianca) è una delle salse, a base di farina, più usate al mondo e può essere utile per dare sapore e spessore a qualsiasi preparazione, soprattutto se si tratta di timballi o paste al forno. Si prepara con questi ingredienti: ½ lt. di latte; 50 gr. di burro; 50 gr. di farina setacciata; noce moscata; sale.

In un tegame sciogliete il burro a fuoco basso. Versate, tutta insieme, la farina e, con un cucchiaio di legno, girate in continuazione fino a quando non si sarà formata una pasta simile, per consistenza, alla polenta (roux). Aggiungete, poco alla volta e sempre girando, il latte precedentemente riscaldato. Sempre mescolando portate ad ebollizione la besciamella, riducendola alla densità desiderata. Completate con un "profumo" di noce moscata.

La densità finale della salsa dipenderà dalla proporzione tra burro e farina presenti nel roux, e da quanto a lungo verrà cotta la salsa stessa, che, comunque, dovrà cuocere non meno di 20 minuti.

Salsa Mornay

Una variante della besciamella è la salsa Mornay, che viene preparata con l'aggiunta di tuorli d'uova, panna liquida e formaggio ed è usata per le gratinature in forno.

Gli ingredienti sono; 250 ml. di latte fresco, 50 gr. di burro, 50 gr. di farina 00, Noce moscata, 100 gr. di parmigiano reggiano grattugiato, 2 tuorli d'uovo, 4 cucchiai di panna, sale.

In un pentolino sciolgo il burro a fuoco lento e, quando sarà sciolto completamente, unisco un pizzico di sale. Tolgo dal fuoco per aggiungere la farina poco alla volta, mescolando con una frusta per evitare la formazione di grumi. Rimetto il tegame sul fuoco e tosto la farina, sempre mescolando, e quando si sarà imbiondita, unisco il latte a temperatura ambiente o leggermente intiepidito. Mescolo continuamente e aromatizzo con una grattugiata di noce moscata. Lascio cuocere per 15 minuti, a fuoco bassissimo, perché la salsa deve perdere il sapore della farina cruda e acquisire quello della farina cotta. A parte, sbatto i tuorli con la panna fresca liquida e il parmigiano e li unisco alla besciamella; mescolo con la frusta per amalgamare i composti (se necessario riporto la salsa sul fuoco per addensarla maggiormente).

Gnocchi di patate

2 kg. di patate della "secca" (tuberi a basso contenuto acquoso, cosiddetti "farinosi" – N.B questo particolare è molto importante se si vuole fare gli gnocchi!); 300 gr. di farina di grano tenero; un uovo; un pizzico di sale

Lavate e lessate le patate, sbucciatele e passatele, ancora calde, allo schiacciapatate, facendole cadere sulla spianatora infarinata. Quando la purea è ancora tiepida aggiungete la farina e l'uovo e impastate bene. Più la purea di patate è calda, meno farina assorbirà e più leggeri risulteranno gli gnocchi. Senza indugio (più la massa riposa e più gli gnocchi risulteranno collosi) fate una palla con l'impasto ottenuto e con un mattarello schiacciatela sulla spianatora, fino ad ottenere una sfoglia quadrata regolare dello spessore di un dito. Da questa "sfoglia" ricavate con un coltello da cucina delle listerelle regolari, della stessa larghezza del suo spessore (un dito), arrotolatele con i palmi delle mani fino a farle diventare cilindriche e con queste - dopo averle spolverate di farina - formate gli gnocchi. Ognuno di questi pezzetti potrà essere passato su una grattugia con un dito, in modo da conferire allo gnocco la ruvidità necessaria ad assorbire la salsa.

Disponete gli gnocchi su un ripiano infarinato e lessate subito in abbondante acqua salata. Scolate man mano che vengono a galla e condite con eventuali sughi, preferibilmente di carne.

PASTA ALL'UOVO

La base, per la classica sfoglia con le uova, è semplicissima: farina di grano tenero (tipo "0") e uova, in proporzione 100 gr. di farina/un uovo intero.

Rispetto alla tradizione, la sua preparazione vorrebbe l'uso di sola farina di grano tenero, ma con il mutare dei gusti e delle abitudini, si usa, oggi, mescolare il fiore di farina con una parte di semola di grano duro, in percentuali che variano a seconda della consistenza che si vuole ottenere. L'aggiunta di un venti per cento di semola di grano duro, ne migliora la tenuta in cottura.

Vale la pena di sottolineare che i risultati migliori si ottengono con un impasto piuttosto duro, alquanto difficile però da lavorare. Le prime volte, quindi, è consigliabile accontentarsi di un impasto più morbido: è molto più rapido da impastare e più semplice da tirare; basta solo avere cura di spolverarlo spesso, con un po' di farina, affinché non si attacchi.

Impasto classico

300 gr. di farina "0"; 3 uova; sale.

Mettete la farina setacciata sulla spianatora (di legno, o di marmo, o di acciaio, o di teflon) e ricavate al centro un "buco" perché assuma la caratteristica forma "a fontana"; sgusciatevi dentro le uova e insaporitele con un pizzico di sale ciascuna. Cominciate a sbattere le uova con una forchetta, incorporando un po' di farina alla volta, fino a che tutta la fontana non sia diventata un impasto giallastro. Spolverate un po' di farina sotto l'impasto e poi incorporate completamente con le mani.

Ripiegate la pasta ed incorporate energicamente tutta la farina usando entrambe le mani. Solo ora inizia l'impastatura. Tirate l'impasto col palmo della mano, ripiegatelo e giratelo. Proseguite con questa paziente operazione per almeno 20 minuti, fino a quando non si sarà formato un impasto liscio e compatto. Avvolgetelo in un foglio di pellicola trasparente e lasciatelo riposare per almeno ½ ora in frigorifero.

A seconda del tipo di pasta che si desidera realizzare, variano le percentuali degli ingredienti utilizzati per l'impasto. Tenete presente che è determinante, per la riuscita dell'impasto, la qualità della farina ed il rapporto con le uova e, tra queste, il rapporto albume/tuorlo. In proposito tenete presente che le uova sgusciate devono avere un peso fra i 60-65 gr. che corrisponde alla misura grande. Il tuorlo pesa dai 19 ai 25 gr. e l'albume 40 gr. Praticamente il quantitativo della farina da usare corrisponde al quadruplo del peso dei tuorli.

Importante, inoltre, è che tutti gli ingredienti per la pasta siano ben temperati, per meglio amalgamare tutti gli elementi in modo rapido e senza sforzo ed ottenere un impasto liscio ed omogeneo. Le uova quindi non devono essere prese direttamente dal frigorifero.

Si consiglia di utilizzare farina di grano tenero "0" mescolata, al 20%, con semola di grano duro.

Le dosi possono subire leggere variazioni dovute alle condizioni del tempo. Più il tempo è ventoso e più bisogna aggiungere umidità (uova) all'impasto. Se invece è molto umido, l'impasto ha bisogno di meno uova e maggior apporto di farina.

L'impasto va sempre lavorato su una superficie fredda: marmo e acciaio sono i più indicati.

Ora vi presento tre differenti impasti, che potete seguire per realizzare ciò che più desiderate:

Impasto napoletano

(dal sapore particolare, in virtù dell'utilizzo di molti tuorli d'uovo. Durante la cottura cresce bene di volume. Indicato soprattutto per tagliatelle e pappardelle.)

300 gr. di farina di grano tenero "0"; 100 gr. di semola di grano duro; 4 uova intiere; 6 tuorli; un cucchiaino d'Olio extravergine di oliva; ½ cucchiaino di sale fino; acqua secondo l'occorrenza.

Impasto romagnolo

(Ideale per la pasta ripiena, ad esempio: ravioli, agnolotti, tortellini.)

100 gr. di farina di grano tenero "00"; 300 gr. di semola di grano duro; 3 uova intiere; 6 tuorli; un cucchiaino

d'Olio extravergine di oliva; un pizzico di sale; acqua secondo l'occorrenza.

Maccheroni alla chitarra

Se tu, avido lettore, avrai letto con sufficiente attenzione questo breve tutorial e soprattutto se ti sarai cimentato nelle preparazioni descritte, non avrai difficoltà a preparare - e successivamente gustare - questa squisita e nobile ricetta.

I "maccheroni" alla chitarra sono delle striscioline di pasta a sezione quadrata, lunghe due palmi di mano femminile, ricavate da sfoglie di farina e uova di gallina, a pasta - preferibilmente - gialla. Si ottengono pressando con il mattarello (o "stenderello") la sfoglia (o "pittima") sulla chitarra (o "carraturo"): un telaio di legno su cui sono tesi dei fili di acciaio accostati parallelamente. Questo fantastico strumento da cucina è oggi molto conosciuto come oggetto d'arredamento, ma scarsamente usato, a causa della sua presunta difficoltà nel metterlo in funzione.

Utensile che non poteva mancare nel bagaglio del pastore transumante, il carraturo, insieme con una tavola di legno di faggio (o "spianatora") era utilizzato per preparare maccheroni che venivano poi conditi con lardo di maiale e pecorino secco: condimento che ha dato origine alla "matriciana bianca" (v. sezione ricette) prima e, successivamente, all'amatriciana, o matriciana (v.).

Infiniti sono, in Abruzzo, i modi per condire questa meravigliosa pasta: con le pallottine, alla carbonara, con le vongole, con il ragù all'abruzzese, con pomodoro e basilico, al pesto.

L'impasto

200 gr. di farina di grano tenero tipo "0"; 200 gr. di semola rimacinata; 4 uova grandi; un pizzico di sale; un cucchiaio di Olio extravergine di oliva. Mescolate tra di loro le due farine e mettetele a fontana sulla spianatora. Al centro rompete le uova, mettete un pizzico di sale per uovo, l'Olio e iniziate a sbattere con una forchetta, inglobando un po' alla volta la farina, che costituisce le pareti della fontana. Quando la massa inizia a formarsi (ve ne accorgerete perché comincia a staccarsi dalla spianatora) usate le mani e continuate ad impastare per una decina di minuti, aggiungendo, se necessario, dell'altra farina.

Una volta che l'impasto avrà raggiunto la giusta consistenza ed elasticità (premendola con un dito dovrà essere elastica e resistente alla pressione) formate una pallottola e lasciatela riposare coperta in frigorifero per 40 minuti. Trascorso questo tempo, durante il quale la pasta si sarà "incordata" formando la cosiddetta "maglia glutinica", dividete l'impasto in quattro panetti, infarinate la tavola e cominciate a spianarne uno alla volta, lasciando gli altri coperti con un panno umido.

Dopo il riposo, la pasta risulterà morbida e docile al matterello. Prima di stenderla appiattite il panetto effettuando una leggera pressione con le dita e stendetela, con il matterello o con la sfogliatrice, fino ad ottenere una sfoglia spessa quanto la distanza tra le corde della chitarra (2 mm).

Il taglio

Perché la chitarra tagli facilmente le sfoglie è necessario che le corde siano in tensione nella giusta misura. Per capirlo occorre pizzicare lo strumento, come se doveste eseguire un accordo musicale: se sentirete un suono argentino, la chitarra sarà "accordata", altrimenti dovrete farlo da voi, girando in senso orario le due chiavi di metallo poste ad una estremità (proprio come si farebbe con una chitarra musicale).

Fatta questa operazione di accordatura, iniziate a tagliare i maccheroni rispettando questi passaggi:

1.	prendete una sfoglia di 4 dita più corta della lunghezza della chitarra e di larghezza pari o inferiore a quella della stessa chitarra, infarinatela su entrambi i lati e ponetela sulle corde;

2.	impugnate saldamente il matterello alle due estremità ed esercitate una decisa pressione sulla sfoglia, a partire dalla zona vicina all'attacco delle corde;

3.	una volta che avrete "fissato" la sfoglia, continuate a passare più volte il matterello sulla sfoglia, esercitando una pressione di volta in volta maggiore;

4.   dopo aver "tirato" la pasta sulla chitarra quel tanto che rende possibile vedere le sottostanti corde, muovete le dita quasi ad accennare un arpeggio... e i maccheroni cadranno sulla spianatora!

5.   Cuocete i maccheroni in acqua bollente e leggermente salata, per non più di 60 - 90 secondi!

Il sugo

I maccheroni alla chitarra si possono condire con qualsiasi salsa: sia in bianco, che rossa, di carne, di pesce e anche solo di vegetali, di funghi, ecc, ecc...

Io vi suggerisco questo ragù veloce con pomodorini gialli, dadolata di agnello e fonduta di pecorino allo zafferano.

Mentre porto a bollore abbondante acqua leggermente salata per far cuocere la chitarra, in un tegame lascio soffriggere in ½ bicchiere di Olio (con la "O" maiuscola, perché deve essere un ottimo extravergine di oliva!) il trito di sedano, carota e cipolla; quando il trito si sarà appassito, getto nella padella 300 gr. di pomodorini gialli, tagliati a metà e li lascio insaporire per 5-6 minuti, insieme con un pezzettino di peperoncino.

Nel frattempo prendo 200 - 300 gr. di polpa di agnello (dalla spalla o dalla coscia) la netto della pelle e delle parti grasse e la taglio a pezzettini di un cm. di lato; alzo la fiamma sotto la padella, verso l'agnello, lo faccio rosolare insieme con i pomodorini, quindi sfumo con del vino bianco; abbasso la fiamma e lascio cuocere questo rapidissimo ragu' per 10 minuti, scoperto, regolando di sale e di pepe.

Mentre il ragu' sprigiona i suoi straordinari effluvi, preparo la fonduta di pecorino: in un pentolino faccio bollire 80 gr. di panna liquida (va bene anche il latte); spengo la fiamma e faccio abbassare la temperatura prima di aggiungere 150 gr. di pecorino grattugiato di fresco. Mescolo molto bene, per far sciogliere tutto il formaggio nella panna, quindi aggiungo 0.5 gr. di polvere di zafferano dell'Aquila. Ottengo, così, una salsa gialla cremosa e fluida (se non vi convince la densità, aggiungete dell'altra panna tiepida o, in alternativa, dell'altro formaggio grattugiato) che utilizzo per decorare i maccheroni alla chitarra, che avrò scolato molto al dente e condito con il ragù veloce.

PASTA PER LA PIZZA NAPOLETANA "STG" (*)

(specialità tradizionale garantita)

Preparazione dell'impasto

Si versa un litro di acqua nell'impastatrice (o in una bastardina di acciaio) si scioglie una quantità di sale marino, compresa tra i 50 gr. e i 55 gr., si aggiunge il 10% della farina rispetto alla quantità complessiva prevista (più o meno 1.7 kg. a seconda del tipo di farina); successivamente si stemperano 3 gr. di lievito di birra con poca acqua e si comincia a mescolare; si aggiunge gradualmente la restante di buona farina "00" fino al raggiungimento della consistenza desiderata, definita punto di pasta. Tale operazione deve durare 10 minuti. Quindi l'impasto deve essere lavorato per altri 20 minuti a bassa velocità, fino a che non si ottiene un'unica massa compatta. Per ottenere un'ottimale consistenza dell'impasto è molto importante la quantità d'acqua che una farina è in grado di assorbire. L'impasto deve presentarsi al tatto non appiccicoso, ma morbido ed elastico. La lavorazione degli ingredienti deve avvenire senza surriscaldamento. Una volta estratto dall'impastatrice o dalla bastardina, l'impasto viene posto su un tavolo da lavoro dove si lascia riposare per 2 ore, coperto da un panno umido, in modo che la superficie non possa indurirsi. Trascorse le 2 ore di lievitazione si passa alla formatura del panetto, che deve essere eseguita a mano. I panetti devono avere un peso compreso tra i 180 gr. e i 250 gr. Una volta formati i panetti (staglio), avviene una seconda lievitazione in cassette per alimenti, della durata da 4 a 6 ore. Tale impasto, conservato a temperatura ambiente, è pronto per essere utilizzato entro le 6 ore successive.

(*) estratto dal disciplinare per la definizione di standards internazionali per l'ottenimento del marchio "pizza napoletana stg" - ministero delle politiche agricole e forestali - "riconoscimento della specialità tradizionale garantita "pizza Napoletana" - pubblicata sulla Gazzetta Ufficiale della Repubblica Italiana n. 120 del 24-5-2004

Preparazione impasto per pizza in teglia per forno elettrico

Per ottenere una pizza in teglia croccante, morbida, ricresciuta e saporita, io uso questo procedimento e questi ingredienti: un lt. di acqua, 1700 gr. di farina ad alto contenuto di glutine (W 180-250), 4 gr.di lievito di birra fresco, 5 cucchiai di Olio extravergine di oliva (o strutto), 2 uova intere, un cucchiaio di zucchero semolato (o miele), 50 gr. di sale fino.

In una bastardina metto l'acqua fresca con il 10% della farina disponibile; mescolo con la mano destra, mantenendo la sinistra libera e pulita, fino ad ottenere una "besciamella" biancastra e liquida; aggiungo il lievito e mescolo fino a scioglierlo completamente; con la mano pulita, aggiungo, a poco a poco, metà della farina disponibile e con l'altra mescolo e comincio a formare l'impasto; aggiungo le uova (una alla volta), l'Olio (o lo strutto) e lo zucchero (o il miele) e continuo ad aggiungere la farina un po' alla volta; aggiungo il sale per ultimo; continuo a mescolare fin tanto che l'impasto non si distacchi dalle pareti del contenitore; verso l'impasto - che deve essere molto lento - sulla spianatoia e continuo ad ammassare, con entrambe le mani, aggiungendo poca farina (n.b.: nell'ammassamento dell'impasto, devo cercare di far inglobare alla pasta quanta più aria possibile, facendo dei buchi con le punte delle dita e poi ricoprendoli con i lembi dell'impasto). Dopo una decina di minuti, formo un pane e lo copro con un panno umido.

Trascorse 24 ore, formo tanti panetti (stagli) di 350-400 gr. cadauno (a seconda della grandezza della teglia e dello spessore che voglio ottenere) e li dispongo sulla spianatoia, li spolvero di farina, li copro con un panno e dopo 6-8 ore li spiano con le dita direttamente sulle teglie, preventivamente oliate. Condisco nella maniera che preferisco (pomodoro, Olio, origano, peperoni, capperi, acciughe, patate, broccoletti, salsicce, salame piccante, funghi) e metto in forno al massimo della potenza. Solo a metà cottura, tiro fuori la teglia dal forno e aggiungo il fiordilatte. Inforno di nuovo alla massima temperatura nel ripiano medio e dopo pochi minuti avremo una pizza profumata, croccante, dorata e cotta a puntino.

Pizzelle fritte al pomodoro

Per la pasta: 400 gr. di farina di grano tenero tipo "0"; 20 gr. di lievito di birra; sale. Per la salsa: un kg. di pomodori ben maturi (oppure 800 gr. di polpa di pomodoro in scatola); una piccola cipolla; uno spicchio d'aglio; 2 cucchiai d'Olio extravergine di oliva; basilico sale e pepe; olio di semi per friggere.

Sciogliete il lievito con poca acqua tiepida. Setacciate la farina sulla spianatoia, fate la fontana e mettete al centro il lievito diluito, un bel pizzico di sale e poca acqua tiepida alla volta, quanto basta per ottenere una pasta piuttosto morbida. Impastate energicamente per un decina di minuti, fino a quando la pasta sarà liscia ed elastica.

Dividete la pasta in dodici pezzi uguali e, passandoli fra le mani infarinate, ricavatene delle palline delle dimensioni di una piccola albicocca. Sistematele, un po' distanziate, sulla spianatoia infarinata e copritele prima con un canovaccio e dopo con un panno di lana, lasciandole lievitare per circa un'ora.

Tuffate i pomodori, per pochi secondi, in acqua in ebollizione quindi passateli in acqua fredda, pelateli e spezzettateli scartando i semi. Scaldate l'olio in una padella larga e fatevi appassire la cipolla tritata insieme all'aglio. Quando la cipolla è imbiondita, unitevi i pomodori e un rametto di basilico. Insaporite con sale e pepe e lasciate cuocere, a fuoco vivace, per circa un quarto d'ora, fino a quando la salsa si sarà asciugata.

Quando le palline di pasta saranno lievitate, appoggiatele sulla spianatoia infarinata e appiattitele con le mani, ricavandone delle pizzelle rotonde dello spessore di un cm. scarso con il bordo leggermente più alto. Friggetene due o tre alla volta in abbondante olio ben caldo (175°C.) senza girarle, ma versandovi sopra, con un mestolo, l'olio bollente. Quando saranno color oro chiaro, tiratele su infilzandole con una forchetta, lasciatele sgocciolare un attimo e passatele su un doppio foglio di carta da cucina. Le pizzelle dovranno risultare dorate, ma morbide in modo da poterle mangiare anche piegate in due.

Via via che le pizzelle sono pronte, conditele con una cucchiaiata di salsa di pomodoro calda, spolveratele con il parmigiano grattugiato e deponetevi al centro una bella foglia di basilico fresco. Accomodatele, a cupola e leggermente accavallate, in un largo piatto da portata rotondo e servitele calde o tiepide.

Pastella per fritto

250 gr. di farina di grano tenero tipo "0"; 150 cc. di birra chiara gelata; ½ bicchiere di acqua gassata fredda; 2 cucchiai d'Olio extravergine; un cucchiaino di sale; 2 uova tenute in frigorifero, olio di semi di arachide per friggere.

Setacciate la farina in una ciotola, unitevi la birra (se sarete stati capaci di non berla), l'acqua fredda, il sale, l'Olio, due rossi d'uovo e mescolate fino ad ottenere un impasto piuttosto compatto. Coprite la ciotola e lasciate riposare per almeno un'ora in frigo.

Con una frusta, montate a neve gli albumi: quando è il momento di friggere, uniteli all'impasto fino ad ottenere una pastella liscia dalla consistenza tale che consenta di "scrivere".

Questa pastella può essere utilizzata per friggere verdure, frutta, pesce, baccalà, gamberetti.

CIAMBELLONE DEL "BICCHIERE"

E' un dolce facile facile, che può fare anche chi non ha mai fatto un dolce ed è ottimo per la colazione. Si basa sull'utilizzo di un comunissimo bicchiere (quelli per uso comune, da 180 cc, ma non importa: può essere di qualunque dimensione) da utilizzare come dosatore per tutti gli ingredienti.

Si fa in questa maniera: nella planetaria (o in una terrina, usando una frusta elettrica) metto 4 uova intere a pasta gialla e le monto fino a farne raddoppiare il volume; aggiungo un bicchiere di zucchero semolato e seguito a montare. Quando il composto diventa spumoso e voluminoso, aggiungo un bicchiere scarso di olio di mais e, dopo un po', un bicchiere abbondante di latte. Unisco la buccia di un limone grattugiato e una bustina di polvere lievitante per dolci. Incorporo 3 bicchieri e ½ di farina "00" evitando di girarla troppo perché, sennò, si formerebbe la maglia glutinica che non consentirebbe al dolce di lievitare a dovere. Imburro e infarino uno stampo per ciambellone e inforno a 165°C. ventilato per 40 minuti.

Viariante al cioccolato; dopo aver messo nello stampo la metà circa del composto, aggiungo in quella rimasta 2 cucchiai di cacao amaro e 2 cucchiai di zucchero. Aggiungo pochissimo latte fino ad ottenere una consistenza simile a quella del composto usato e verso nello stampo. Tutte le altre operazioni restano immutate.

LA CUCINA AL TEMPO DELLA PANDEMIA

ricette di cucina semplici semplici per esperti e meno
esperti di cucina, che amano stare insieme a tavola:
prima cura dei sintomi dell'ansia e della depressione

FRITTURA DI PESCE

INGREDIENTI
un kg. circa di piccoli pesci assortiti e freschissimi
(merluzzetti, piccole triglie, gamberi, totani, calamari,
alici)
farina di grano duro
sale
olio di arachide per friggere

PROCEDIMENTO
Per ottenere un'ottima frittura è necessario che i pesci
impiegati abbiano più o meno le stesse dimensioni e,
inoltre, che siano piuttosto piccoli in modo che, anche
con una cottura breve, possano cuocere perfettamente
anche all'interno.
Dopo aver pulito, tutto il pesce, lo lavo in acqua
ghiacciata, nella quale ho fatto sciogliere 2 cucchiai di
sale grosso e una buona quantità di cubetti di ghiaccio.
Asciugo accuratamente tutto il pesce e lo metto in
congelatore prima di friggerlo (questa operazione è
fondamentale per ottenere una buona frittura: sarà
proprio lo shock termico a determinarne la
croccantezza!).
Tolgo i pesci dal congelatore e, dopo averli mescolati
bene dentro la farina, li metto in un setaccio
scuotendoli in modo da far cadere la farina in eccesso.
Quando l'olio avrà raggiunto la temperatura di frittura
(175°C.) calo i pesci pochi alla volta, in modo che la
temperatura non si abbassi troppo, fino a quando non si
saranno leggermente dorati.

Li scolo e li dispongo su "carta da maccheroni". Salo la frittura solo al momento di portarla in tavola bollente.

COUSCOUS VEGETALE

INGREDIENTI
170 gr. di Couscous precotto
una carota 180 gr.
una melanzana
100 gr. Pomodorini Piccadilly
½ bicchiere di Olio extravergine
peperoncino piccante
2 cipollotti freschi
aglio
2 - 3 zucchine
zenzero fresco
menta fresca
320 gr. di acqua calda
curcuma in polvere
sale

PROCEDIMENTO
Lavo e taglio a dadini piccoli tutte le verdure.
In una padella tipo "wok" metto a scaldare 2 cucchiai di Olio, insieme con uno spicchio di aglio e del peperoncino piccante; aggiungo le melanzane tagliate a dadini; le faccio scottare e rosolare a mestiere, tolgo lo spicchio di aglio e aggiungo il cipollotto tritato.
Quando le melanzane si saranno appassite, aggiungo le carote e, dopo 2 o 3 minuti, le zucchine.

Faccio saltare e lascio cucinare, a fiamma vivace, per 5 - 6 minuti.

Aggiungo i pomodorini tagliati in 4 o 8 parti (a seconda della grandezza) e dopo 2 minuti, tolgo dal fuoco.

A questo punto, do una grattatina di zenzero fresco sulle verdure.

Mi occupo ora del couscous: lo verso in una ciotola capiente e lo condisco con sale e polvere di curcuma che gli darà colore e sapore in più.

Aggiungo il restante Olio extravergine e, con una forchetta, lo mischio a dovere; dopodiché lo ricopro con acqua bollente.

Sigillo con pellicola trasparente, per non far uscire il vapore, e lascio riposare per 2 minuti.

A questo punto il couscous è pronto!

Prima di impiattarlo lo "sgrano" per bene con la forchetta e lo dispongo su un vassoio, dandogli una forma a "vesuvio" sulla cui sommità verso una "colata" di verdure e qualche fogliolina di menta fresca.

Si consiglia di gustare il couscous attingendo con le mani dal piatto di portata unico (ma questa operazione è consigliabile solo dopo che il pericolo del contagio sarà diventato un ricordo...)

SARDE ALLA SCOTTADITO

INGREDIENTI
un kg. di sarde freschissime
un limone
150 gr. mollica di pane fresco

2 spicchi di aglio
un bicchiere di Olio extravergine di oliva
alloro
prezzemolo
sale e pepe

PROCEDIMENTO

Pulisco con cura le sarde eliminando le interiora, la testa
e la lisca centrale; le apro "a libro" e le asciugo
disponendole su un piano coperto da un canovaccio.
Trito l'aglio e il prezzemolo e faccio rosolare, in 2
cucchiai di Olio extravergine, la mollica di pane.
Distribuisco il composto ottenuto sulle sarde, le chiudo
a libro e le sistemo sulla griglia precedentemente oliata.
Metto sulla brace moderata oppure inforno a 180ºC.
per 15 minuti.

TOTANO RIPIENO

INGREDIENTI
4 totani grandi
300 gr. di mollica di pane sbriciolata
Prezzemolo
200 gr di pomodorini
½ bicchiere di vino bianco secco
80 gr. di pecorino media stagionatura
½ bicchiere di Olio extravergine di oliva
un limone
sale, pepe

PROCEDIMENTO

Pulisco e lavo i totani e separo i tentacoli dalla sacca. Friggo leggermente i tentacoli, e li taglio a piccoli pezzettini.

Svuoto la sacca del totano e la riempio con una farcia composta dai tentacoli fritti tagliati, il pecorino e i pomodorini tagliati a piccoli cubetti, la mollica di pane fresco, del prezzemolo tritato, sale e pepe e chiudo l'apertura con uno stuzzicadenti,

Nel fondo di olio dove ho fritto i tentacoli, faccio dorare per 2 minuti le sacche così riempite, aggiungo il vino e lascio cucinare per 10 minuti aggiungendo un po' di buccia di limone grattugiata.

Regolo di sale e di pepe e porto in tavola.

SALTIMBOCCA ALLA ROMANA

INGREDIENTI

8 fettine di scamone di vitello (dovranno avere le dimensioni di una mano)

8 fette sottili di prosciutto semidolce

uno spicchio di aglio

½ bicchiere di Olio extravergine di oliva

½ bicchiere di vino bianco dei Castelli Romani

farina

salvia

stuzzicadenti

sale e pepe

PROCEDIMENTO

Su un piano di lavoro dispongo le fettine di carne e le batto con un batticarne; le spolvero di sale e di pepe, vi dispongo sopra un poco di salvia precedentemente tagliata a julienne; quindi la fetta intera di prosciutto.
Arrotolo le fettine e fisso le due estremità con due stuzzicadente.
In un tegame faccio appassire leggermente nell'olio uno spicchio di aglio schiacciato, che tolgo non appena diventa biondo.
Dopo aver leggermente infarinato i saltimbocca, li faccio dorare nell'olio aggiungendo un pizzico di sale e una fogliolina di salvia fresca.
Unisco il vino a lescio cucinare per 10 minuti a fiamma moderata.

PASTA E CECI

INGREDIENTI
300 gr. di ceci prelessati (vanno bene anche quelli in scatola)
½ bicchiere di Olio extravergine di oliva
Peperoncino piccante
2 spicchi di aglio
un rametto di rosmarino
sale e pepe.

PREPARAZIONE
Dopo averli tenuti a bagno per una notte, faccio lessare i ceci per 45 minuti con acqua salata.
Quando i ceci si saranno cotti, metto a soffriggere in

una cazzeruola l'Olio, il peperoncino, il rosmarino e 2 spicchi di aglio schiacciati.

Tolgo l'aglio e aggiungo i ceci lessati che lascio insaporire nel fondo per 5 minuti. Dopodichè aggiungo l'acqua di cottura dei ceci in quantità tale che mi sia sufficiente per cuocere – poi – la pasta.
Per non sbagliarmi e per non avere una minestra troppo asciutta o troppo "brodosa", tengo da parte e in caldo il brodo di cottura dei ceci e ne aggiungo alla minestra a seconda del bisogno.
Regolo di sale e di pepe e quando la minestra giunge a bollore, aggiungo la pasta scelta.

GALLO AL VINO BIANCO

INGREDIENTI
una cipolla
aglio
un gallo ruspante di 3 kg
½ bicchiere di Olio extravergine di oliva
un bicchiere di vino bianco secco
un peperone verde
qualche pomodoro essiccato e sottolio
peperoncino
prezzemolo
erbe profumate
sale e pepe

PROCEDIMENTO

Una versione semplificata, ma molto gustosa: prendo il gallo, lo lavo, lo privo delle parti grasse e lo taglio a pezzi piccoli che metto in un tegame d'alluminio, insieme con un filo d'Olio extravergine; faccio dorare per 5 minuti e cioè fino a quando la superficie della carne non abbia assunto un bel colore dorato; quindi aggiungo un bicchiere di vino bianco, una cipolla tritata, 3 spicchi d'aglio, sale. Lo faccio andare a fuoco medio, incoperchiato, per 15 min. circa, aggiungendo: qualche rametto di timo e di maggiorana, un po' di prezzemolo, mezzo peperone verde tritato, un peperoncino piccante, 2 pomodorini secchi tritati, un bicchiere di acqua calda; regolo di sale e di pepe, abbasso il fuoco e lo lascio cucinare scoperchiato per altri 40 minuti.... e se lo mangi ben caldo e con le mani è squisito!

SPEZZATINO DI AGNELLO
CON CREMA AL LIMONE E ZAFFERANO

INGREDIENTI
una spalla di agnello disossata
½ bicchiere di Olio extravergine di oliva
2 spicchi di aglio
3 uova
un limone
un rametto di timo fresco
½ gr. di zafferano dell'Aquila in fili
vino bianco
sale e pepe.

PREPARAZIONE

Taglio la carne a bocconcini di 3 cm. di lato e li faccio rosolare in una padella di alluminio o di rame con l'Olio e uno spicchio di aglio; quando si saranno dorati e avranno un bel colore brasato, bagno con vino e aggiungo il timo.

Quando l'alcool sarà evaporato, aggiungo 2 o 3 mestoli di acqua calda e porto a cottura per altri 20 minuti; regolo di sale e di pepe.

Nel frattempo metto lo zafferano in 2 cucchiai di acqua calda.

A cottura ultimata, tolgo la carne e la tengo in caldo; filtro il fondo di cottura e lo metto in un pentolino.

In una ciotola verso solo i rossi di uovo, il limone spremuto, lo zafferano e la buccia del limone tagliata a lamelle sottili.

Sbatto le uova con una frusta e le aggiungo al fondo di cottura; metto il pentolino sulla fiamma bassa e mescolo di continuo fino ad ottenere una consistenza cremosa.

Servo la carne e guarnisco con questa profumatissima e saporitissima crema.

CARRÉ DI MAIALE AL FORNO

INGREDIENTI
un carré di maiale
½ bicchiere di Olio extravergine di oliva
1 bicchiere di vino rosso

uno spicchio d'aglio
3 mele verdi
2 arance bio
timo
rosmarino
sale e pepe.

PROCEDIMENTO

Dal macellaio faccio separare le costole dalla carne e le rivesto – una volta a casa – con della pellicola di alluminio.

In un tegame da forno con poco olio messo su un fornello a fiamma media, faccio dorare la carne in ogni parte una decina di minuti, girandolo spesso.

Quando avrà preso un bel colore uniforme, lo tolgo dal fuoco e lo cospargo con un trito di erbe aromatiche e lo spicchio d'aglio tritato. Metto la teglia in forno ventilato a 200° C., facendo attenzione che le costole del carrè siano rivolte verso l'alto.

Nel frattempo lavo accuratamente le mele e le arance tagliando le prime a spicchi e le seconde a fette circolari, senza togliere la buccia.

Trascorsi 20 minuti, abbasso la temperatura del forno a 180° C. aggiungo la frutta tagliata, il vino rosso e proseguo la cottura per altri 60 minuti.

A cottura ultimata lascio riposare la carne per una decina di minuti nel forno spento.

Lo porto in tavola intero, tagliandolo alla presenza dei commensali e guarnendo ogni piatto con la frutta cotta e accompagnato da patate al forno.

CARNE E PATATE

INGREDIENTI
1.5 kg. di carne di manzo, ricavata dal muscolo dello
stinco posteriore
Mezza cipolla rossa o ramata
Peperoncino
rosmarino
4 cucchiai di Olio extravergine di oliva
un bicchiere di vino bianco secco
uno spicchio di aglio rosso
sale e pepe.

PROCEDIMENTO
Taglio la carne a dadi di 2 cm di lato e la metto a sigillare
in un fondo di olio dove ho fatto precedentemente
imbiondire l'aglio e la cipolla tagliata sottilmente.
Lascio dorare la carne, a fiamma moderata, insieme con
un rametto di rosmarino, fino a quando non perda tutto
il suo liquido e l'Olio non inizi a "cantare".
A questo punto alzo la fiamma e aggiungo il vino; dopo
5-6 minuti aggiungo 2 bicchieri di acqua calda e lascio
cuocere per una decina di minuti.
Ora metto il coperchio, abbasso di nuovo la fiamma del
fornello e faccio cucinare la carne fino a quando tutta
l'acqua sarà evaporata lasciando al suo posto un
profumatissimo e saporito fondo di cottura (saranno
necessari 50-60 minuti).
Regolo di sale e di pepe e impiatto guarnendo la carne
con un piccolo rametto di rosmarino.

CODA ALLA VACCINARA

INGREDIENTI
2,5 kg. circa di coda di manzo
un kg. di pomodori pelati
½ bicchiere di Olio extravergine di oliva
un bicchiere di vino bianco secco
un sedano intero.
Per il battuto:
una grossa cipolla dorata
una carota
una costa di sedano
un spicchio d'aglio
prezzemolo
sale e pepe.

PROCEDIMENTO
Dividete la coda in pezzi, incidendola esattamente alla giuntura delle vertebre, mondatela, se necessario, dalle parti grasse in eccesso, scottatela per circa 20 minuti in abbondante acqua salata in ebollizione e sgocciolatela.
Preparate un trito, non troppo fine, con cipolla, sedano, carota, aglio e prezzemolo. Scaldate l'Olio in un largo tegame a fondo pesante (ideale la terracotta) e fatevi appassire dolcemente il trito di verdure. Quando comincia a prendere colore, unitevi la coda e proseguite dolcemente la rosolatura girando spesso i pezzi di carne, fino a quando avranno preso colore.
A questo punto, bagnate con il vino e lasciatelo

evaporare lentamente. Insaporite con sale e pepe e unite i pomodori sminuzzati. Incoperchiate e proseguite la cottura, a fuoco dolce, per circa due ore. Durante questo tempo, girate ogni tanto i pezzi di carne e, se necessario, unite qualche cucchiaio di acqua calda. Nel frattempo, mondate il sedano scartando le coste più dure e togliendo con cura i filamenti. Tagliatelo a pezzi e unitelo alla coda quando questa sarà quasi cotta e il sugo ben addensato (dopo circa due ore e mezzo). Ancora un quarto d'ora e la coda è pronta: lasciatela riposare per cinque minuti e servitela nello stesso recipiente di cottura.

Un piatto che parla romano.

ORATA AL FORNO CON PATATE

INGREDIENTI
una orata del peso di circa 1,200 kg.
un kg. di patate a pasta gialla
3 o 4 spicchi d'aglio con la buccia
rosmarino
½ bicchiere di Olio extravergine di oliva
qualche cucchiaio di vino bianco secco
sale e pepe.

PROCEDIMENTO
Pelate le patate e tagliatele a fettine di circa mezzo cm. di spessore. Sciacquatele più volte e asciugatele dentro un canovaccio. Mettetele in una pirofila ovale e insaporitele con sale, pepe e due cucchiai d'Olio. Unitevi

le foglioline di un rametto di rosmarino e gli spicchi d'aglio, non spellati, e mescolate bene. Ponete la pirofila nel forno già scaldato a 200°C e lasciate cuocere per circa mezz'ora.

Nel frattempo togliete le pinne all'orata, squamatela e svuotatela, dopo avervi praticato un taglio dalla testa all'apertura anale. Lavatela bene, sotto l'acqua corrente, asciugatela e insaporitela con sale e pepe, anche internamente. Dopo la prima mezz'ora di cottura delle patate, togliete la pirofila dal forno e adagiatevi sopra l'orata.

Cospargetela con un cucchiaio d'Olio, rimettete la pirofila nel forno e proseguite la cottura per altri tre quarti d'ora circa, avendo l'accortezza di spruzzare il pesce con poco vino bianco per 2 o 3 volte. Servite ben caldo nello stesso recipiente di cottura.

COSCIO DI AGNELLO ALLE ERBE IN DOPPIA COTTURA

INGREDIENTI
un coscio disossato di agnello
aglio rosso di Sulmona
un mazzetto di erbe profumate (rosmarino, prezzemolo, timo, salvia, menta, maggiorana)
un limone non trattato
½ bicchiere di Trebbiano d'Abruzzo
Olio extravergine di oliva
sale e pepe.

PREPARAZIONE

Per questa preparazione, viene utilizzata la tecnica della doppia cottura della carne, in modo da ottenere un arrosto dorato all'esterno e rosa all'interno (ma non al sangue!).

Dopo che avrete disossato il coscio fino allo stinco, massaggiatelo in ogni parte con uno spicchio di aglio (schiacciato, altrimenti non trasferisce i suoi aromi), poco Olio, ponetelo sulla griglia e "appiccicatevi" sopra metà del trito di erbe profumate. Tagliate a striscioline sottili la buccia del limone e mettetela in una tazza, nella quale avrete versato un bicchiere di Olio; aggiungete il succo di mezzo limone, due spicchi di aglio schiacciati e vestiti e il restante trito di erbe profumate; emulsionate l'infuso e lasciate riposare. Mettete la griglia sulle braci vivaci (la carne, nel frattempo, si sarà aromatizzata del profumo di erbe) e fate dorare (per ottenere una buona doratura delle superfici, sarà sufficiente lasciarla sul fuoco 3-4 minuti per lato).

Fatta questa operazione, togliete il coscio dalla griglia e ponetelo in una teglia da forno; cospargete di Olio e infornate per 10 minuti a 180°C. Trascorso questo tempo, sfornate, regolate di sale e di pepe e bagnate con ½ bicchiere di Trebbiano. Infornate di nuovo e lasciate cuocere per altri 15-20 minuti (per ottenere una cottura perfetta, è opportuno usare un termometro da cucina "a spillo" e togliere il coscio quando la temperatura interna sarà di 45° C.). Quando il coscio sarà cotto, toglietelo dal forno e lasciatelo riposare per una decina di minuti. Ponetelo su di un tagliere di legno, affettatelo e irroratelo con Olio aromatizzato.

COSCIO DI MAIALINO LATTONZOLO AL FORNO

INGREDIENTI
un coscio di maialino lattonzolo disossato
una cipolla bianca
3 spicchi di aglio
uno scalogno
una costa di sedano
2 cucchiai di miele di castagno
2 cucchiai di aceto bianco
2 bicchieri di Montepulciano
un mazzetto di erbe profumate (rosmarino, alloro, timo,
finocchiella)
2 mele golden
una noce di burro
2 cucchiaini di zucchero di canna
½ bicchiere di Olio extravergine di oliva
sale e pepe.

PREPARAZIONE
Cospargere la carne del trito di erbe profumate,
massaggiare con lo spicchio di aglio schiacciato, salare
leggermente e oliare su ambo i lati. Porre in una teglia e
infornare a 150°C per 2.5 ore.
In un tegame versare il restante Olio, scaldare e versare
le ossa di scarto e la coda del maialino. Fare dorare la
carne e aggiungere: la cipolla tagliata grossolanamente,
2 foglie di alloro, 2 spicchi di aglio schiacciati, lo
scalogno e il sedano, il sale e il pepe. Cucinare per

qualche minuto e aggiungere il miele e l'aceto. Lasciare andare e aggiungere il vino.

Far prendere il bollore e infornare insieme alla carne.

Trascorso il periodo di cottura (circa 2.5 ore) scaldare in una padella una noce di burro. Tagliare le mele a spicchi e saltarle nel burro. Aggiungere lo zucchero di canna e far dorare leggermente.

Togliere il tegame dal forno. Filtrare il fondo di cottura con un colino.

Togliere il maialino dalla teglia, tagliarlo in grossi pezzi, disporlo su un piatto da portata e irrorare con il fondo di cottura.

Guarnire con gli spicchi di mela e decorare con un mazzetto di timo fresco.

COTOLETTE FRITTE DORATE

INGREDIENTI
Cotolette di vitella tagliate non troppo sottili
pane grattugiato
2 uova
Burro chiarificato per friggere o olio di arachidi
sale.

PROCEDIMENTO
Batto leggermente le fette di carne e le incido con un coltellino in più punti in modo che non si arricci durante la cottura.

In una terrina, batto le uova e vi unisco le fettine; le tiro fuori e le passo nel pane grattugiato, premendo con le dita per fare in modo che vi resti attaccato.

Metto sul fuoco la padella il burro chiarificato (o l'olio) e quando sarà arrivato alla temperatura di 175° C. vi faccio friggere le cotolette non più di due per volta.

Dopo 2 minuti le giro con una forchetta e le faccio cuocere per altri 2 minuti.

Quando sono pronte le scolo e le passo su un doppio foglio di carta da cucina.

Vanno servite caldissime con una spolverata di sale.

BURRO CHIARIFICATO

Il processo di chiarificazione del burro ha lo scopo di eliminare l'acqua e la caseina.

In una casseruolina dal fondo spesso, metto un panetto da 250 gr di burro buono tagliato a pezzi e lo metto sul fuoco a fiamma bassa. Quando sarà sciolto completamente, vedrò che in superficie comincerà ad affiorare la parte acquosa di cui il burro è composto all'80%.

Lascio cuocere a fuoco dolce fino a quando l'acqua non sarà del tutto evaporata completamente lasciando sul fondo la caseina (che andrà gettata) e in superficie il burro chiarificato.

A questo punto metto un imbuto foderato di garza sterile in un contenitore e vi verso il burro liquido facendo moltissima attenzione affinché la caseina depositata sul fondo non riaffiori in superficie mescolandosi con il burro chiarificato, che diventerà solido una volta raffreddato.

Il burro chiarificato, oltre ad essere più salutare e digeribile, si conserva a lungo. Inoltre, essendo quasi privo di lattosio è anche più indicato per chi soffre di intolleranza al latte.

TRACCHIE DI MAIALE CON PEPERONI

INGREDIENTI
800 gr di spuntature di maiale
2 peperoni verdi e 2 rossi
1/2 bicchiere di Olio extravergine di oliva
Peperoncino
4-5 filetti di acciuga sott'olio
Un cucchiaio di capperi sottosale
uno spicchio d'aglio
un cucchiaio di aceto
Un bicchiere di vino bianco secco
sale e pepe.

PROCEDIMENTO
Lavo i peperoni, li asciugo, li privo dei filamenti bianchi interni e li faccio cuocere in una padella con olio, peperoncino e aglio, a fuoco vivace; dopo una decina di minuti, vi aggiungo i capperi che ho fatto dissalare e proseguo la cottura girandoli spesso e regolandoli di sale. Lascio insaporire i peperoni per altri 15 minuti facendo attenzione che non si brucino.

In un tegame, nel frattempo, faccio imbiondire lo spicchio d'aglio schiacciato, nel restante olio; quindi, dopo aver tolto lo spicchio di aglio, vi metto i filetti d'acciuga e li faccio dissolvere schiacciandoli con la forchetta.

A questo punto aggiungo le tracchie e le faccio insaporire nel fondo per 5-6 minuti; aggiungo il vino e lo faccio sfumare.

Aggiungo un bicchiere di acqua calda e proseguo la cottura fino a quando l'acqua sarà del tutto evaporata lasciandosi sostituire da un profumatissimo sughetto.

Ora è il momento di aggiungere i peperoni con tutto il loro olio e di proseguire il "matrimonio" per 2-3 minuti a fiamma alta.

BRASATO AL VINO ROSSO

INGREDIENTI
una bottiglia di vino rosso comune
una bottiglia di vino rosso buono (Montepulciano Doc)
800 gr. di scamone di bue intero
2 cipolle bianche
2 coste di sedano
2 carote
2-3 spicchi di aglio
10 bacche di ginepro
2 chiodi di garofano
salvia, rosmarino, alloro
Olio extravergine di oliva
sale e pepe in grani

PREPARAZIONE
Lascio marinare lo scamone, per 24 ore, in vino rosso

comune, odori e spezie varie; trascorso questo tempo, tolgo la carne della marinatura (che getto, perché contaminata di sangue e siero) e la lavo accuratamente.

Lego la carne con uno spago da cucina, compiendo tre giri per il lato lungo e altrettanti giri per il lato corto.

Quindi ungo lo scamone con un filo di Olio, lo strofino con il sale e il pepe e lo trasferisco in un tegame, dotato di coperchio, insieme con: Olio, cipolle, sedano e carote tagliate a pezzi.

Faccio sigillare la carne in ogni parte e unisco: la salvia, l'alloro spezzettato, il rosmarino, l'aglio schiacciato, 2 chiodi di garofano, qualche bacca di ginepro e un cucchiaino di pepe in grani; quindi, verso il vino buono (avendone preventivamente assaggiato un mezzo calice per valutarne il corpo e l'aroma) fino a coprire tutta la carne, e faccio cuocere ("brasare") per almeno 3 ore a fuoco lento, con coperchio, fino a che la carne non risulterà tenera.

Una volta cotta, tolgo la carne dal fuoco, la trasferisco sul piano di lavoro ed elimino lo spago da cucina.

Filtro il fondo con un colino e lo verso in un pentolino, per farlo "ritirare" a fuoco moderato; se dopo questa operazione il fondo non sarà ancora ben "tirato" (dovrà assumere una consistenza "sciropposo") rimetto la salsa sul fuoco e la faccio inspessire aggiungendo pochissima acqua nella quale ho fatto sciogliere mezzo cucchiaio di amido di riso o di mais.

Taglio la carne a fette dello spessore di circa un cm. e, dopo averle disposte su un piatto da portata, le copro con abbondante salsa.

BRODO DI CARNE

INGREDIENTI
400 gr. di muscolo di scottona
300 gr. di punta di petto di vitellone
2 ali di gallina (o un'ala di tacchino)
un ginocchio di manzo
una cipolla dorata
una carota
2 pelati (o pomodori freschi da sugo)
3 coste di sedano
2 spicchi d'aglio "vestiti"
4 chiodi di garofano
un pezzetto di stecca di cannella
2 lt. di acqua
sale e pepe in grani.

PROCEDIMENTO
Lavo la carne e la metto in una pentola con l'acqua fredda; accendo il fuoco e, non appena comincia a bollire, "schiumo" di frequente con un cucchiaio. Infilo i chiodi di garofano nella cipolla che poi faccio rosolare con una forchetta sulla fiamma viva, in modo da farla dorare.
Lavo tutte le verdure e quando il brodo non richiede più la "schiumatura", le metto nella pentola, insieme con la cannella.
Lascio sobbollire per circa due ore e ½ con la pentola semicoperta stando attenti che il liquido, per effetto della ebollizione, non tracimi dal bordo della pentola,

portando con sé tutte le sostanze più "nobili" del brodo. Regolo di sale e di pepe.
A fine cottura prelevo la carne e le verdure dal brodo e filtro con un colino a maglie strette.
Se desidero sgrassarlo completamente, lo lascio raffreddare e, con una spatola di legno, lo privo del grasso che, rapprendendosi, si sarà raccolto in superficie.
Potete usare questo brodo per accompagnare i passatelli.

TORTA RUSTICA

INGREDIENTI
pasta frolla o pasta brisèe
450 gr. di panna fresca liquida
200 gr. di gambuccio di prosciutto
150 gr. di formaggio a pasta molle
3 uova intere
un rosso d'uovo
noce moscata
sale e pepe.

PROCEDIMENTO
Taglio i gambucci a piccoli dadini e li faccio saltare in una padellina con pochissimo olio; li scolo e li metto da parte.
Grattugio il formaggio con una grattugia larga.
In una ciotola verso la panna liquida, le uova, il rosso, il sale, il pepe e un pizzico di noce moscata; sbatto con

una frusta e metto da parte.

Imburro e infarino una pirofila di ceramica smerlata da 26 cm; con il mattarello stendo la pasta fino a 3-4 mm. di spessore, la spolverizzo con della farina e la dispongo sulla pirofila; faccio aderire bene la pasta, ne elimino con un coltello gli eccessi e bucherello il fondo con una forchetta.

Verso sul fondo ¾ del formaggio grattugiato, i cubetti di gambuccio, poi aggiungo la panna mescolata con le uova e spolverizzo con il restante formaggio.

Inforno a 180°C. per circa 50 minuti.

TORTELLINI DI BOLOGNA DOC
(ricetta depositata presso la Camera di Commercio di Bologna)

INGREDIENTI (per 500 tortellini)
150 gr. di lombo di maiale
150 gr. di prosciutto crudo
150 gr. di vera mortadella di Bologna
250 gr. di formaggio Parmigiano Reggiano (stagionato almeno 3 anni. Se è più giovane, aumentare la dose)
un uovo di gallina
½ noce moscata
rosmarino
aglio
burro
sale e pepe

PREPARAZIONE

Naturalmente la bontà del ripieno dipende dalla qualità delle materie prime impiegate. Comunque, per gustare un buon tortellino è indispensabile disporre di un ottimo brodo, che si ottiene mettendo nella pentola un cappone ruspante (non allevato con i mangimi) con aggiunta di quelle parti di carne di manzo, notoriamente adatte per fare il brodo, come punta di petto, doppione, muscolo, ecc.

Il lombo (per fare una cosa perfetta andrebbe tenuto in riposo per due giorni, con sopra un battuto composto di sale, pepe, rosmarino e aglio) va cucinato a fuoco lento, con un po' di burro e poi tolto dal tegame, tritato a coltello, molto finemente, insieme con il prosciutto, la mortadella, il parmigiano, la noce moscata e le uova.

L'impasto si deve mescolare a lungo, fintanto che risulti ben amalgamato, (per fare una cosa perfetta andrebbe lasciato riposare per almeno ventiquattrore) prima di riempire i tortellini.

Si tenga presente che in peso, il ripieno e la sfoglia si equivalgono. Ogni 100 gr. di sfoglia accoglieranno circa 100 gr. di ripieno.

Preparate la pasta secondo la composizione classica: un uovo per 100 gr. di farina utilizzando, per facilitare la lavorazione, una frazione di semola di grano duro. Stendete la sfoglia molto finemente con il matterello e, con l'aiuto della classica rotellina dentellata, ricavate tanti quadratini di 4 cm. di lato (attenzione: per evitare che la sfoglia si asciughi troppo, tagliate pochi quadratini alla volta, facendo attenzione a ricoprire la sfoglia, non ancora tagliata, con un panno di cotone inumidito). Mettete al centro di ogni quadratino una nocciola di ripieno e chiudete, dando la tipica forma del tortellino bolognese. Non abbiate timore per la difficoltà della chiusura, che non ha nulla a che fare con la grandezza delle dita o con la piccolezza del quadratino di sfoglia! Si tratta di abitudine e ripetizione del gesto, quel gesto che viene poco alla volta, con la pazienza di tutte le cose nuove da imparare.

Se al primo tentativo otterrete un tortellino che non assomiglia affatto ad un tortellino, non vi demoralizzate: portatevelo così com'è in bocca e gustatevelo: se avete seguito tutti i consigli riportati in queste righe sarà già buonissimo così. Crudo!

POLLASTRO ALLA CACCIATORA

INGREDIENTI
un kg. di pollo ruspante tagliato a pezzi
uno spicchio di aglio
vino rosso
½ bicchiere di Olio extravergine di oliva
2 pomodori pelati
2 alici sott'olio
rosmarino
sale e pepe.

PROCEDIMENTO
Faccio insaporire nel tegame, a fiamma alta, il pollo con l'Olio e il rosmarino, fino a dorare tutte le superfici dei pezzi.

Aggiungo: sedano e carota tagliati a pezzi, lo spicchio d'aglio (che tolgo appena imbiondisce) e le acciughine.
Sfumo con il vino rosso e, appena evapora, aggiungo i pelati e li schiaccio con una forchetta.
Regolo di sale e di pepe e porto a cottura, con il coperchio.
Ricetta semplicissima, ma buonissima!

IL RAGU' ALLA BOLOGNESE
(ricetta classica della tradizione)

La ricetta che segue è frutto di approfondite ricerche, eseguite in collaborazione con ristoratori, cuochi e signore rigorosamente bolognesi, che hanno fornito una propria versione sul modo di cucinare la regina delle salse per la pasta, che si può preparare in 1000 e 1 modi, ma che regala sempre una sensazione unica, di gusto e di raffinatezza.

INGREDIENTI
Una cipolla dorata
2 coste di sedano
2 piccole carote
150 gr. di polpa di manzo
150 gr. di polpa di vitella da latte
150 gr. di polpa di maiale
150 gr. di pancetta di maiale fresca
100 gr. di burro
un bicchiere di vino bianco secco
2 cucchiai di triplo concentrato di pomodoro

un lt. di latte fresco intero
brodo vegetale
sale e pepe
No olio!

PREPARAZIONE

Ricavate un finissimo battuto, tritando insieme la cipolla, il sedano e la carota.

Macinate, insieme a grana spessa, la polpa di bovino e quella di maiale.

Scaldate metà del burro in un tegame e fatevi appassire dolcemente il trito di verdure. Proseguite la rosolatura in modo che gli ortaggi appassiscano dolcemente, senza bruciacchiarsi, e assorbano tutto il grasso. A questo punto unite la pancetta di maiale tagliata in piccoli dadini e fate in modo che lo strutto vada a rivitalizzare il trito di verdure, che vi sembrerà appassito.

Solo a questo punto unite la carne macinata, sminuzzandola bene con un cucchiaio di legno, e aggiungete il rimanente burro; rialzate la fiamma e continuate la rosolatura, mescolando spesso, fino a quando la carne si sarà asciugata e colorita.

Ora insaporite con sale e pepe, bagnate con il vino e aggiungete il concentrato di pomodoro.

Appena l'alcool del vino sarà evaporato, versate tutto in una volta il latte, fate riprendere il bollore, quindi abbassate la fiamma al minimo e proseguite la cottura per almeno due ore, a tegame scoperto.

Se il ragù si asciuga troppo, allungatelo con qualche mestolo di brodo caldo.

Il risultato che dovrete ottenere sarà una salsa:

cremosa, profumata, fluida, lucida, di colore nocciola con venature aranciate.

E' ideale per condire tagliatelle, in abbinamento con una abbondante nevicata di Parmigiano Reggiano di almeno 24 mesi, appena grattugiato.

MATRICIANA ROSSA

INGREDIENTI

400 gr. di spaghetti (o bucatini)

100 gr. di guanciale (25% del peso della pasta)

Un cucchiaino di Olio extravergine

Un goccio di vino bianco secco

Un pezzetto di peperoncino

400 gr. di pelati di pomodoro san Marzano

80 gr. di pecorino amatriciano o romano (20 % del peso della pasta)

sale e pepe.

PREPARAZIONE

Private il guanciale delle parti "rancide" e tagliatelo a pezzetti, non troppo piccoli, e adagiateli in una padella (possibilmente di ferro) già fatta scaldare sul fuoco.

Lasciate andare, a fuoco moderato con un cucchiaino di Olio, fino a che il grasso non sia diventato trasparente e croccante.

Fate sfumare con pochissimo vino.

A questo punto un profumo intenso e "saporito" si diffonderà per tutta la cucina: è il segnale che deve essere "gettato" il pomodoro: prima, però, togliete i ciccioli di guanciale croccanti e teneteli in una ciotola, al caldo.

Nel frattempo che cuocete la pasta al dente, lasciate ritirare il pomodoro per una decina di minuti nel fondo della padella.

Quando la pasta sarà cotta, scolatela per bene, mettetela in una terrina calda e versatevi sopra la salsa aggiungendo pecorino grattugiato.

Non dimenticate di guarnire ogni piatto con una parte di ciccioli croccanti che avete lasciato da parte e una nuvoletta di pepe appena grattato!

MATRICIANA BIANCA

Si fa come la matriciana rossa (sopra descritta) ma senza utilizzare il pomodoro che è stato inserito nella ricetta verso la fine dell'800 dai ristoratori amatriciani che si traferirono a Roma al seguito dei pastori transumanti dai Monti della Laga.

COSCETTE DI POLLO IN CASSERUOLA

INGREDIENTI
4 cosce di pollo
una cipolla rossa
una noce di burro
3 cucchiai di Olio extravergine di oliva
per la marinata:
tre bicchieri di birra tipo "Ale" scura

una decina di bacche di ginepro
tre foglie di alloro
sale e pepe.

PREPARAZIONE

Preparate una marinata con: la birra, le bacche di ginepro schiacciate, l'alloro spezzettato, il sale e il pepe e immergetevi le cosce di pollo. Lasciate marinare per qualche ora.

In una casseruola rosolate la cipolla, tritata in Olio e burro. Sgocciolate il pollo e mettetelo nella casseruola, per farlo dorare da tutte le parti. Salate leggermente e aggiungete, un poco alla volta, la marinata filtrata fino a ultimare la cottura.

Va servito caldo, coperto con il sugo di cottura.

FILETTO AL PEPE VERDE

INGREDIENTI
4 fette di filetto di manzo del peso di circa 150 gr. l'una
3 cucchiai di Olio extravergine di oliva
½ bicchiere di vino bianco secco
½ bicchierino di Cognac
3 cucchiai di bacche di pepe verde in salamoia
sale.

PROCEDIMENTO
Mondate la carne delle pellicine e delle parti grasse; scolate il pepe verde dal liquido di conservazione e schiacciatelo leggermente con il batticarne, in modo da

frantumare i grani.
Scaldate l'Olio in una padella, a fondo pesante, che contenga di misura le fette di filetto, senza lasciare vuoti; fatevi rosolare la carne, a fuoco vivo, due o tre minuti per parte, facendo attenzione, nel girarla, di non bucarla con la forchetta; spruzzate con il vino e fate sfumare; aggiungete il pepe verde e il Cognac; fiammeggiate e servite immediatamente.

CHIPS DI PATATE AL FORNO

INGREDIENTI
6 patate medie, a pasta gialla
olio di arachide
sale e pepe
pangrattato
succo di mezzo limone biologico
un rametto di rosmarino fresco

PROCEDIMENTO
Accendo il forno e lo porto a 200° C.
Prendo le patate lavate, sbucciate, lavate e tagliate a fette sottili con una mandolina e le lascio in acqua fredda e sale per circa un'ora.
Successivamente le scolo dall'acqua e le asciugo con uno strofinaccio da cucina.
Dispongo le patate in una ciotola e le condisco con olio, sale, pepe, succo di limone e rosmarino.
Aggiungo il pangrattato quanto basta per impanare uniformemente.

Dispongo le patate in una teglia rivestita con carta da forno, senza farle accavallare troppo e aggiungo un filo d'olio in superficie.

Inforno a 200°C per circa 20 minuti. Slurp!

PASTA E PATATE CON MAIONESE DI BASILICO

INGREDIENTI
Olio extravergine di oliva
uno scalogno
4-5 patate medie
50 gr. di basilico
200 gr. di pasta mista
sale e pepe

PROCEDIMENTO
Taglio lo scalogno, per farlo rosolare, in una pentola, con un filo di Olio. Aggiungo le patate lavate, sbucciate, lavate e tagliate (seguo scrupolosamente questo ordine per ragioni d'igiene) finemente e faccio loro assorbire i profumi e i sapori del fondo, girandole continuamente per 5 minuti.

Aggiungo un lt. di acqua calda (o brodo vegetale) e le porto a cottura.

A questo punto inserisco nella pentola un mixer e do qualche colpo per rompere le patate (posso fare la stessa operazione con una forchetta).

Porto a ebollizione la minestra e vi getto la pasta, alla quale ho dato precedentemente, in una pentola a parte, una mezza cottura. Nel frattempo, inserisco nel mixer le foglie di basilico con il loro gambo (ma solamente se questo è freschissimo e tenerissimo) insieme con qualche cucchiaio di Olio e 2 o 3 cubetti di ghiaccio, per mantenere intatto il colore della clorofilla; aziono fino ad ottenere un pesto fluido e verdissimo.

Una volta terminata la cottura, sistemo di sale e pepe e aggiungo Olio a crudo. Il risultato deve avere una consistenza cremosa.

GRISSINI AI SEMI DI PAPAVERO

INGREDIENTI
180 gr. di farina di grano duro
15 gr. di lievito di birra (in alternativa un cucchiaino e ½ di lievito istantaneo)
½ cucchiaino di sale
½ bicchiere di Olio extravergine di oliva
un uovo
semi di papavero

PREPARAZIONE
Fate un impasto con tutti gli ingredienti e lasciate riposare la pasta, coperta da un panno umido e in un luogo caldo, per 45 minuti, perché cominci a lievitare (se usate il lievito istantaneo, questo arco di tempo può essere annullato).

Suddividete la pasta in 18 pezzi e ricavatene dei grissini, senza arrotolarli con i palmi delle mani, ma semplicemente tirandoli alle estremità.

Metteteli su di una teglia, che avrete rivestito di carta

da forno, e spolverateli con semini.
Infornate a 200°C per circa 15 minuti.

ZITE CON LE MELANZANE

INGREDIENTI
400 gr. di zite spezzate
800 gr. di pomodori San Marzano, ben maturi
3 melanzane del tipo lungo
2 spicchi d'aglio
100 gr. di ricotta salata (o 50 gr. di pecorino)
½ bicchiere di Olio extravergine di oliva
basilico
sale e pepe.

PROCEDIMENTO
Mondate e lavate le melanzane quindi, senza sbucciarle, tagliatele a fettine sottili mezzo dito, cospargetele di sale fino e lasciatele spurgare per un'oretta, disposte su un colapasta.
Tuffate per pochi secondi i pomodori in acqua in ebollizione, quindi passateli in acqua fredda e pelateli; divideteli in due, privateli dei semi e tritateli con il coltello.
Fate scaldare l'Olio in una larga padella e fatevi imbiondire gli spicchi d'aglio, leggermente schiacciati, quindi versatevi i pomodori e un paio di rametti di basilico (sia il basilico che l'aglio andranno scartati una volta che il sugo sarà pronto); regolate di sale e di pepe e lasciate cuocere, a fuoco vivace, per una decina di

minuti. Sciacquate le melanzane, premetele un po' fra le mani e asciugatele bene con un canovaccio o con carta da cucina, quindi fate scaldare poco Olio nella padella.

Nel frattempo mettete a cuocere la pasta e, contemporaneamente, friggete le fettine di melanzane, poche per volta, fino ad averle ben dorate; via via che sono pronte, tiratele su dalla padella e passatele su un doppio foglio di carta da cucina.

Appena la pasta è cotta, scolatela, versatela nella padella con il sugo caldo, spolveratela con la ricotta e con qualche foglia di basilico spezzettata e mescolate bene.

Dividete la pasta in quattro piatti e coprite la superficie di ogni porzione con la restante ricotta e con le fettine di melanzane fritte.

PATATE AL FORNO

INGREDIENTI
patate a pasta gialla
Olio extravergine di oliva
erbe aromatiche come: rosmarino, timo
sale

PREPARAZIONE
Dopo aver lavato e sbucciato e di nuovo lavate le patate e dopo averle tagliate a piacere, le metto un pochino in ammollo in acqua fredda.
Quando l'acqua comincerà a diventare opaca vuol dire che le patate stanno perdendo l'amido; le tiro fuori, le

tuffo in acqua bollente, leggermente salata, e lascio sbianchire per 2-3 minuti (questa operazione è importantissima per avere le patate croccanti: infatti l'alta temperatura dell'acqua farà sì che l'amido, ancora presente sulle superfici, si rapprenderà e diventerà croccante, poi, in forno).

Scolo le patate, le tuffo in acqua fredda per fermarne la cottura; dopo averle fatte asciugare su un canovaccio, le condisco con l'Olio e le dispongo su una teglia, ricoperta di carta da forno.

Porto il forno a 220°C e lascio dorare, finché non diventino croccanti fuori e morbide dentro.

BUCATINI CON LE SARDE

INGREDIENTI
500 gr. di bucatini
600 gr. di sarde freschissime
un mazzo di finocchietto selvatico
un cucchiaio colmo di uvetta passita
un cucchiaio colmo di pinoli
un cucchiaio di pane "rifatto" grattugiato
5 filetti di acciuga
3 cucchiai di Olio extravergine di oliva
una cipolla rossa
una bustina di zafferano
sale.

PROCEDIMENTO
Dopo averle lavate e private delle interiora, faccio

saltare le sarde, per pochi minuti, in una padella antiaderente, con pochissimo Olio: a questo punto sarà più facile privarle delle teste e delle lische.

Nella stessa padella, aggiungo 2 cucchiai d'Olio e vi faccio appassire la cipolla, tritata finemente; unisco i gambi di prezzemolo, i filetti di acciuga e li faccio disfare dolcemente; aggiungo le sarde, private delle lische, e le lascio cucinare, per 7- 8 minuti, mescolando spesso, in modo che il pesce si spappoli formando un amalgama con gli altri ingredienti. Trito, grossolanamente, con il coltello, i finocchietti bolliti nell'acqua della pasta e li aggiungo al sugo, quando le sarde si saranno disfatte. Regolo il sale e infine unisco anche lo zafferano, sciolto in un mestolo di acqua calda. Dopo altri due o tre minuti di cottura, a fuoco vivace, il sugo è pronto: dovrà risultare cremoso e non troppo asciutto.

Faccio lessare al dente i bucatini nell'acqua di cottura dei finocchietti, li scolo e li verso nel tegame con il sugo, lasciandoli insaporire per due o tre minuti, mescolandoli continuamente. Li accomodo in una pirofila, spolverati con la mollica di pane tostato.

Prima di servire la pasta, di solito, passo la pirofila con la pasta nel forno caldo per cinque o sei minuti, per farla insaporire ancora di più... alla maniera siciliana!

TARALLUCCI AL PEPERONCINO

INGREDIENTI
130 gr. di Olio extravergine di oliva
200 gr. vino bianco

10 gr. sale
10 gr. peperoncino macinato
500 gr. farina

PREPARAZIONE:

In una ciotola verso Olio extravergine, vino, sale, peperoncino, mescolando per bene.

Aggiungo la farina, un po' per volta, fino ad ottenere un composto liscio e setoso. Lavoro l'impasto, per una decina di minuti, e lo lascio riposare per almeno 30 minuti.

Formo i tarallucci e li faccio scottare, pochi per volta, in acqua bollente salata per 2 minuti.

Li scolo, li asciugo e li metto in fila, su una placca rivestita di carta da forno.

Inforno a 170°C. fino a quando non saranno belli dorati.

Sono fantastici con un bicchiere di vino bianco fresco!

MALTAGLIATI AL TONNO FRESCO

INGREDIENTI
150 gr. di tonno fresco
300 gr. di pomodorini gialli
300 gr. di maltagliati all'uovo
Bottarga di tonno
aglio rosso
basilico
curcuma in polvere
Olio extravergine di oliva
pecorino media stagionatura

sale, pepe

PROCEDIMENTO

Dopo averlo privato della pelle e delle parti grasse e spinose, taglio il tonno a dadini di un cm. di lato e lo faccio saltare in padella con un po' di Olio e uno spicchio di aglio: il tonno deve restare "rosa" e per questo saranno sufficienti 2 o 3 minuti di brasatura.

Nel frattempo, faccio scaldare a parte 2 cucchiai di Olio, tolgo dalla fiamma, verso 2 cucchiaini di polvere di curcuma e lascio intiepidire.

Tolgo il tonno, che sta cuocendo nell'altra padella, e lo lascio in caldo.

Nella stessa padella aggiungo un po' di Olio e i pomodorini tagliati in 4 pezzi, il basilico e, dopo 1 o 2 minuti, l'olio alla curcuma.

Lascio insaporire, aggiungo i dadini di tonno e faccio saltare nell'intingolo i maltagliati al dente.

Impiatto, guarnisco con delle foglie di basilico, una grattatina di bottarga e una scaglia sottile di pecorino. Che bontà!

MOSCARDINI AGLIO E PREZZEMOLO

INGREDIENTI
800 gr. di moscardini
uno spicchio d'aglio
½ bicchiere di Olio extravergine di oliva
un pizzico di peperoncino tritato
un bicchiere di vino bianco secco

un cucchiaio di concentrato di pomodoro
prezzemolo fresco
sale e pepe

PREPARAZIONE
Pulisco i moscardini, togliendo loro la pellicina interna
ed esterna.
In una padella metto l'Olio a scaldare e inizio a far
imbiondire l'aglio sbucciato e leggermente schiacciato.
Effettuata questa operazione, inserisco i moscardini
nell'Olio e li faccio rosolare, per un paio di minuti,
insieme con il concentrato di pomodoro. Passati i due
minuti, quando il profumo che si sprigiona dal tegame
diventa irresistibile, unisco il vino bianco, il sale, il pepe
e faccio cuocere, a fiamma vivace, per circa dieci minuti.
Quando saranno diventati teneri, li posiziono in piatto di
portata e li cospargo con il prezzemolo tritato e il pizzico
di peperoncino a piacere.
N.B.: in questo intingolo si possono far saltare anche dei
paccheri lisci che diverranno ir-re-sis-ti-bi-li!

PAELLA DE MARISCOS (di pesce)

INGREDIENTI
2 spicchi di aglio rosso
Olio extravergine di oliva
500 gr. di calamari
500 gr. seppioline
una grossa cipolla
500 gr. di cozze grandi

500 gr. di vongole

1,5 lt. di fumetto di pesce

500 gr. di gamberi

8 scamponi

un cucchiaio di paprika dolce

un peperoncino piccante

prezzemolo

2 kg. di pomodori da sugo

400 gr. di riso Arboreo

2 bustine di zafferano in polvere dell'Aquila;

PREPARAZIONE

Preparo il fumetto di pesce: una cipolla, 2 coste di sedano, una carota tagliati a grossi pezzi, 2 pomodori da sugo, gambi di prezzemolo: faccio rosolare nell'Olio, poi aggiungo gli scarti di pesce, lische, pelli, carapaci (no interiora!); faccio sobbollire per 40 minuti; regolo di sale e di pepe e filtro.

Pulisco gli scampi e li apro, con l'aiuto di un paio di forbici, partendo dalla coda con un taglio che arrivi fino all'inizio della testa, questo servirà a facilitare l'apertura dei gusci una volta cotti.

Lascio aprire le cozze in un tegame coperto, insieme con: Olio, 2 spicchi di aglio, un rametto di rosmarino, prezzemolo e peperoncino, in modo che rilascino il loro liquido. Analogamente e separatamente, procedo con le vongole.

Lavo i pomodori, li privo della pelle e li taglio a grossi pezzi.

Nella paella rovente, verso ½ bicchiere di Olio e dopo un minuto vi faccio salare gli scampi e i gamberi, per un paio di minuti per lato; li tolgo con delle pinze e li tengo al caldo.

Nello stesso fondo, verso la cipolla tritata finemente, 2 spicchi di aglio schiacciato e li lascio leggermente imbiondire a fuoco dolce; tolgo l'aglio e aggiungo i calamari tagliati ad anelli e le seppioline lavate e pulite; faccio cuocere per 5-10 minuti (il tempo varia a seconda della grandezza).

Trascorso questo tempo, aggiungo: il peperone verde tagliato a listarelle, il peperoncino e la paprika dolce e, dopo 2 minuti, verso i pomodori tagliati a pezzi; lascio cuocere per 10-15 minuti.

Intanto estraggo i molluschi dalle cozze (lasciando quelle più grandi e più integre intere: mi serviranno per la decorazione) e li tengo in caldo nel loro liquido; analogamente faccio con le vongole, con l'accortezza, in questo caso, di filtrare il loro liquido, perché presenta tracce di sabbia.

Con un mestolo, faccio un "nido" tra il sugo che si è ritirato nella paella e verso, al centro di questo, il riso; lo faccio scaldare e lentamente gli faccio assorbire tutto il sugo di pomodoro, tenendo alta la fiamma. Regolo di sale.

Ora aggiungete i molluschi di cozze e vongole con il loro liquido, tenendo da parte quelle che ho lasciato integre.

Faccio insaporire il riso e dopo 1 o 2 minuti aggiungo il fumetto bollente fino a coprire il riso, facendolo rimanere sotto un dito di liquido.

Da ora in poi è vietato mescolare il riso, che dovrà cuocere per assorbimento del liquido.

Mantengo il fuoco vivace per i primi 7-8 minuti, poi

abbasso la fiamma, copro con il coperchio, e proseguo la cottura a fuoco medio per altri 10 minuti.

A 5 minuti, dalla fine cottura, unisco gamberi e scamponi, disponendoli, già con gusto, nel tegame. Subito dopo, anche le cozze e le vongole, che "affondo" nel riso.

Lascio riposare la paella per un paio di minuti, quindi cospargo di prezzemolo finemente tritato e porto questa profumatissima e gustosissima pietanza al centro del tavolo.

FIORI DI ZUCCHINA FRITTI

INGREDIENTI
20 fiori di zucca freschi e sodi
2 mozzarelle tagliate a listarelle
10 alici spagnole diliscate e dissalate (ma non lavate!)
un cucchiaio d'Olio extravergine di oliva
olio monoseme per frittura (arachidi o girasole)
sale e pepe
Per la pastella vedi ricetta a parte.

PREPARAZIONE
Togliete, facendo molta attenzione, il gambo del fiore con tutti i filamenti e gli stami; lavateli molto delicatamente sotto un piccolo getto di acqua corrente e lasciateli asciugare su un panno.
Dissalate le acciughe con il dorso di un coltello, privatele delle lische, allineatele in un piatto e ricopritele di Olio.
Riempite i fiori dalla parte posteriore con acciughe,

mozzarella e pepe.

Chiudeteli, come se fossero un sacchetto, immergeteli nella pastella e friggeteli nell'olio bollente (175°C), fino a quando non diventano croccanti. Servire caldi... ma non troppo!

BACCALA' AL FORNO CON LE PATATE

INGREDIENTI
800 gr. di baccalà ammollato
600 gr. di patate a pasta gialla
2 cipolle medie
½ bicchiere di Olio extravergine di oliva
½ bicchiere di vino bianco secco
poca farina
2 spicchi d'aglio
prezzemolo
una foglia d'alloro
2 cucchiai di pane grattugiato
pepe .

PREPARAZIONE
Lavate le patate, pelatele, tagliatele a spicchi, mettetele in una casseruola, copritele di acqua fredda e fatele cuocere per 15 minuti, iniziando a contare da quando mettete la pentola sul fuoco.
Ripulite accuratamente il baccalà dalle spine, spellatelo e tagliatelo a pezzi non troppo grossi.
Spellate le cipolle, dividetele in due e affettatele sottilissime. Scaldate due cucchiai d'Olio in una padella

antiaderente, versatevi le cipolle insieme alla foglia d'alloro spezzettata e fatele appassire a fuoco moderato.

Asciugate i pezzi di baccalà e infarinateli leggermente.

Quando le cipolle cominciano a prendere colore insaporitele con sale e pepe, tiratele su dalla padella con la schiumarola e tenetele da parte.

Sistemate i pezzi di baccalà nell'Olio rimasto, rialzate la fiamma e fateli rosolare per cinque o sei minuti girandoli una volta.

Rimettete le cipolle nella padella, distribuendole sul fondo, bagnate con il vino e, non appena è evaporato, spegnete la fiamma.

Ungete uno stampo da forno e cospargetelo di pane grattugiato. Disponetevi sopra le patate, salatele leggermente e adagiate sopra a queste i pezzi di baccalà con l'intingolo di cipolle.

Preparate un trito finissimo con l'aglio e il prezzemolo, cospargetelo sulla preparazione e mettete la pirofila nel forno, precedentemente scaldato a 180°C, lasciandovela per circa un quarto d'ora.

Non confondiamo il baccalà con lo stoccafisso, il quale invece che salato è essiccato e ci vogliono almeno 3 giorni di ammollo per renderlo cucinabile.

Grandi segreti per cucinare questo pesce non ce ne sono: bisogna metterlo a bagno almeno 24 ore prima di cucinarlo, cambiandogli l'acqua 3 o 4 volte ed essere parsimoniosi con il sale durante la cottura, perché tende ad essere salato di suo.

Al contrario, non bisogna lesinare l'Olio, che deve sempre essere extravergine e di ottima qualità.

Ultimamente, grandi cuochi, azzardano ad accostare al baccalà ingredienti che potrebbero sembrare poco consoni, come la panna! Secondo me (che odio la panna in cucina) le ricette migliori sono quelle della tradizione, che prediligono patate della secca, pomodori rossi maturi, belle e succulenti cipolle dorate che rilasciano il loro succo nella pentola.
Servitela ben calda questa meraviglia!

MALTAGLIATI AI FUNGHI PORCINI

INGREDIENTI
300 gr. di maltagliati all'uovo
4 cucchiai di Olio extra vergine di oliva
400 gr. di funghi porcini freschi (o 150 gr. secchi)
uno spicchio di aglio
prezzemolo
un peperoncino piccante
sale e pepe.

PROCEDIMENTO
Faccio imbiondire l'aglio in una padella con 2-3 cucchiai di Olio (facendo attenzione che non si scurisca troppo, dopo di che lo tolgo).
Unisco i funghi tagliati a fettine sottili (se sono secchi, vanno preventivamente lavati e lasciati in acqua tiepida per almeno 2 ore) e li lascio cuocere, per una quindicina di minuti, mescolando ogni tanto con un cucchiaio di legno.
Regolo di sale e di pepe e aggiungo del peperoncino

piccante.
Faccio lessare i maltagliati al dente, li scolo e li faccio saltare insieme con i funghi, dopo averli spolverizzati con prezzemolo tritato molto finemente.

PASTA AL FORNO

INGREDIENTI
500 gr. di pasta corta
8 melanzane
un lt. di passata di pomodoro
2 mozzarelle fresche
uno spicchio di aglio
basilico
½ bicchiere di Olio extravergine di oliva
sale e pepe
150 gr. di ricotta infornata (o Parmigiano Reggiano)

PREPARAZIONE
Tagliate le melanzane a fette lunghe, cospargetele di sale, e lasciatele spurgare almeno per un'ora, lavatele e asciugatele. Friggetele in abbondante Olio caldo e fatele scolare dall'Olio aiutandovi con carta assorbente. Preparate, intanto, la salsa soffriggendo l'aglio, aggiungendo la passata, regolando di sale e pepe e, una volta raggiunta la giusta densità, profumatela con il basilico. Cuocete in abbondante acqua salata la pasta e scolatela molto al dente (la cottura proseguirà nel forno). Ungete una teglia e alternate strati di melanzane e di pasta condita con la salsa, ricoprendo con la

mozzarella tritata. Infornate il tutto a 190°C per 20-30 minuti.

BRODETTO ALLA VASTESE
(ricetta tradizionale di Italo Ferri, Vasto)

INGREDIENTI
un merluzzo
una triglia di scoglio
una sogliola
un testone
un pezzo di palombo
un trancio di razza
2 calamari (o seppie)
uno scorfano
una tracina
4 gamberi
4 cicale di mare
200 gr. di pomodori da sugo a pezzettoni
100 gr. di salsa di pomodoro
un bicchiere di Olio extravergine di oliva
½ peperone verde
uno spicchio d'aglio
prezzemolo
un pezzetto di peperoncino piccante
sale.

PREPARAZIONE
Dal pescivendolo fatevi pulire e squamare tutto il pesce. Lavate i pomodori e tuffateli in acqua bollente per 2

minuti; scolateli, privateli della buccia e dei semi e tagliateli a listarelle. Pulite i gasteropodi e tagliateli a pezzi grossi.

PROCEDIMENTO

In un tegame di coccio munito di coperchio, metto: l'Olio, il pomodoro a pezzettoni, poca salsa di pomodoro, il prezzemolo, l'aglio, il peperone verde, il sale.

Quando l'Olio inizia a scaldarsi aggiungo i gasteropodi (totani, seppie o calamari) e lascio friggere per 4 minuti; aggiungo i crostacei per insaporire il brodetto, la tracina, lo scorfano e la marzolina e lascio cucinare per 5 minuti.

E' il momento di aggiungere le ali di razza e la sogliola, coprire e lasciar cuocere per altri 3 minuti.

In ultimo, aggiungo il merluzzo, la triglia di scoglio, qualche pezzetto di peperoncino piccante e lascio cuocere per altri 5 minuti, ricordandomi di non GIRARE MAI IL PESCE, ma semplicemente di coprirlo con il sugo di pomodoro.

Il brodetto alla vastese, nella sua versione tradizionale, non prevede l'utilizzo di cozze e vongole, ma solo di pesce rigorosamente "bianco"; inoltre è bandita la cipolla e il basilico, a vantaggio dell'aglio (che non deve soffriggere!!) e del prezzemolo.

Porto in tavola il tegame bollente con il coperchio e scoperchio solo al momento di consumare questo profumatissimo e inimitabile brodetto, nato nelle cucine dei pescherecci adriatici.

Nato "in bianco" in conseguenza delle contingenti

necessità del pescatore di paranza, il "brodetto di pesce fresco alla vastese", si veste di rosso alla fine dell'ottocento, con la diffusione sulle nostre tavole, del "tomato americano", come pure del peperone classico e del peperoncino piccante.

Oggi arriva la sua consacrazione con la avanzata pratica relativa al riconoscimento europeo di presidio gastronomico: il marchio ITG (Specialità Tradizionale Garantita). Questa preparazione si differenzia dalle altre zuppe per la sua semplice realizzazione.

Il pesce viene cucinato intero e non a pezzi, (tranne alcune tipologie che necessitano di essere tranciate) e in nessun caso vengono aggiunte patate, verdure o altro.

Non viene mai girato il pesce all'interno del tegame che va, invece, "trizzicato" (delicatamente scosso) in modo da evitare che, il pomodoro posto sotto il pesce o il pesce stesso, si attacchino al fondo del coccio.

CACCIUCCO

INGREDIENTI
un polpo e una seppia del peso complessivo di 500 gr.
2 kg. di pesci assortiti: scorfani rossi e neri, gallinelle, trance di palombo, trance di grongo o di murena
500 gr. di cicale di mare
500 gr. di cozze
un bicchiere di Olio extravergine di oliva
un kg. di pomodori San Marzano, ben maturi
una grossa cipolla
4 spicchi d'aglio

prezzemolo
peperoncino
un bicchiere di vino rosso
2 cucchiai di aceto
sale.
Per il fumetto (v. ricetta)

PROCEDIMENTO
Per semplificare il lavoro fatevi pulire e squamare tutto il pesce dal pescivendolo.
Tornati a casa sciacquate tutti i pesci sotto l'acqua corrente e preparateli per la cottura, dividendo in due o tre trance quelli più grandi, in modo che abbiano un tempo di cottura uniforme.
Tuffate i pomodori in acqua in ebollizione, passateli nell'acqua fredda, quindi pelateli, privateli dei semi e spezzettateli.
Scaldate l'Olio in una casseruola ampia e, a fuoco moderato, fatevi imbiondire la cipolla tritata. Lavate il prezzemolo e tritatelo finissimo, insieme agli spicchi d'aglio spellati e al peperoncino e, quando la cipolla comincia a prendere colore, unitevi il trito, mescolate e lasciatelo sfrigolare per un minuto, prima di aggiungere le striscioline di seppie e di polpo. Rialzate la fiamma, salate e lasciate insaporire, mescolando spesso.
Quando cominciano a prendere colore, bagnateli con l'aceto e, appena è sfumato, unite il vino e subito dopo i pomodori. Incoperchiate e proseguite la cottura per una mezz'ora, fino a che seppie e polpi saranno teneri e il sugo giustamente asciugato.
Aggiungete il fumetto bollente al sugo di pesce e fate

riprendere l'ebollizione. Mettete le cozze in una padella, incoperchiate e tenetele sul fuoco vivo fino a che saranno tutte aperte; unite al sugo il liquido che avranno emesso, dopo averlo filtrato. Assaggiate ed eventualmente regolate il sale, quindi cominciate ad aggiungere il pesce, iniziando da quello più consistente (cicale di mare, granchi e palombo), proseguite con scorfani e gallinelle e, a distanza di pochi minuti, unite anche il grongo e le cozze, lasciando cuocere il pesce per circa una quarto d'ora complessivamente. Abbrustolite le fette di pane, strofinatele leggermente con lo spicchio d'aglio, accomodatele in otto piatti fondi e distribuitevi in maniera armoniosa i pesci, tirandoli su delicatamente con una schiumarola. Versate in ogni piatto parte del sugo e servite il cacciucco ben caldo.

SPAGHETTI ALLE VONGOLE

INGREDIENTI
400 gr. di spaghetti
un kg. di vongole (lupini o paparazze)
500 gr. di vongole veraci
200 gr. di pomodorini "di pendolo" ben maturi
un bicchiere di Olio extravergine di oliva
2 spicchi di aglio
prezzemolo
un peperoncino piccante fresco
2 dita di vino bianco secco
sale e pepe.

PREPARAZIONE

Lavo le vongole e le metto in una pentola con metà dell'Olio, un rametto di prezzemolo, un pezzo di peperoncino, il vino e uno spicchio di aglio schiacciato; copro con il coperchio e metto sul fuoco a fiamma moderata.

Lascio, invece, nell'acqua corrente le vongole veraci.

Quando le vongole si saranno aperte, le tolgo dal loro liquido di cottura, le privo delle conchiglie e tengo da parte il mollusco; con un colino stretto filtro il liquido e lo tengo da parte.

In una padella capiente metto il restante Olio e lo spicchio di aglio, leggermente schiacciato, che scarto appena imbiondisce; aggiungo i pomodorini tagliati a metà e alzo la fiamma, lasciando cucinare per 2-3 minuti.

Unisco i molluschi di vongola insieme al loro liquido; aggiungo anche le vongole "veraci" tenute in acqua corrente e faccio restringere per qualche minuto.

Scolo gli spaghetti, quando sono molto al dente, e termino la loro cottura nella padella, aggiungendo, se serve, un po' di acqua.

Spolvero gli spaghetti con pepe e prezzemolo tritato.

MINESTRA DI PESCE

INGREDIENTI
un kg. di pomodori pelati san Marzano
1.5 kg. di pesce di piccola taglia e delle qualità disponibili, purché appena pescato

300 gr. di spaghetti spezzati
½ bicchiere di Olio extravergine di oliva
6 alici sotto sale, qualità "rossa di Spagna"
2 spicchi di aglio
½ cipolla
una carota
2 coste di sedano
prezzemolo
basilico
peperoncino
sale.

PREPARAZIONE

In una pila, metto l'Olio extravergine, l'aglio schiacciato, che tolgo dopo pochi minuti; aggiungo il trito di sedano, carota e cipolla e le alici dissalate (ma non lavate); faccio appassire qualche minuto, a fuoco vivace, e aggiungo i pelati, tritati con le mani, e il peperoncino.

Lascio cucinare per 10-12 minuti e aggiungo anche il pesce e regolo di sale.

Lascio bollire a fuoco vivace per altri 30 minuti, aggiungendo dell'acqua calda.

Spengo la fiamma, lascio riposare e filtro.

Nel brodo ottenuto, faccio cuocere la pasta e servo con del prezzemolo tritato e un giro di Olio nuovo.

ORECCHIETTE CON LE CIME DI RAPA

INGREDIENTI
un kg. di cime di rapa

400 gr. di orecchiette fresche
2 spicchi d'aglio
4 acciughe sotto sale spagnole
5 cucchiai di Olio extravergine di oliva
peperoncino
2 cucchiai di ricotta secca o pecorino grattugiato
sale

PROCEDIMENTO

Pulisco le cime di rapa e sciacquo più volte in acqua corrente. Raschio le acciughe e le divido in filetti. Metto sul fuoco una pentola con quattro litri d'acqua e, non appena raggiunge l'ebollizione, la salo e vi getto le cime di rapa tagliate a pezzetti.

Dopo cinque minuti, verso nella pentola anche le orecchiette e termino la cottura.

Durante la cottura della pasta, scaldo l'Olio in una padella ampia e vi faccio rosolare lo spicchio d'aglio, tagliato a fettine, e il peperoncino. Quando l'aglio è imbiondito, ritiro la padella dal fuoco e aggiungo le acciughe al soffritto, schiacciandole con la forchetta. Quando pasta e verdure sono cotte, ma ancora un po' al dente, le scolo e le salto in padella, prima di metterle nel piatto con una grattatina di ricotta o di pecorino (o di tutti e due).

BOCCONCINI DI AGNELLO
CON CUORI DI CARCIOFO E PATATE

INGREDIENTI

un coscio di agnello
½ bicchiere di Olio extravergine di oliva
2 spicchi di aglio
250 gr. di cuore di carciofi
4 patate
una cipolla
½ bicchiere di vino bianco secco
10 semi di finocchio
un rametto di timo fresco, maggiorana, origano salvia
100 gr. di farina per l'infarinatura
sale e pepe

PREPARAZIONE

Disosso il coscio, taglio la carne a bocconcini di 2-3 cm. di lato e li infarino leggermente.

In un tegame scaldo 4 cucchiai di Olio extravergine e faccio soffriggere la cipolla, l'aglio e il semi di finocchio; quindi aggiungo i bocconcini e li faccio rosolare, per qualche minuto, su tutti i lati; tolgo via l'aglio, bagno con il vino bianco e aggiungo le erbe aromatiche.

Lavo i carciofi e le patate e li taglio più o meno a spicchi delle stessa grandezza.

In una padella verso 4 cucchiai di Olio e uno spicchio di aglio e metto a soffriggere i carciofi per alcuni minuti, bagnando con pochissima acqua calda; quando i carciofi saranno cotti, li scolo e li tengo da parte in caldo.

Nella stessa padella, dopo aver aggiunto 2 cucchiai di Olio, metto a brasare le patate, facendole rosolare per 5 minuti; aggiungo anche i carciofi, bagno con ½ bicchiere di acqua calda, e faccio cucinare a fuoco moderato. Verso la fine della cottura alzo la fiamma al massimo e

faccio rosolare i carciofi e le patate, dopo di chè metto il tutto nel tegame dei bocconcini, regolando di sale e di pepe.
Incoperchio e lascio cuocere per 10 minuti, a fiamma bassa, aggiungendo, se necessario, poca acqua calda.

RAVIOLI OLACI E RICOTTA

INGREDIENTI
Per la pasta:
3 uova
300 gr. di farina di grano tenero
per la farcia:
un kg. di olaci (o spinaci)
400 gr. di ricotta di pecora
un uovo
noce moscata
4 cucchiai di Olio extravergine di oliva
150 gr. di parmigiano grattugiato

PREPARAZIONE
Lavo e lesso gli olaci nella loro acqua, li scolo, li strizzo per bene e li trito molto finemente, con un coltello trinciante; faccio soffriggere gli olaci in un tegame con 4 cucchiai di Olio (o 2 noci di burro); li lascio intiepidire e li verso in una terrina mescolandoli per bene con: un uovo, la ricotta setacciata, il parmigiano grattugiato, un pizzico di sale e uno di pepe e una grattatina di noce moscata; lascio riposare in frigorifero, coperto con una pellicola trasparente.

Nel frattempo stendo la pasta in sfoglia sottile, che copro con un canovaccio umido per non farla asciugare. Prendo la farcia dal frigorifero e, con l'aiuto di una sac a poche, la distribuisco, a mucchietti, sulla sfoglia, procedendo alla realizzazione dei ravioli.

PASTA E FAGIOLI BORLOTTI

INGREDIENTI
250 gr. di fagioli borlotti secchi (se freschi ne occorrono 500 gr. sgusciati)
250 gr. di pasta (sagnarelle acqua e farina, oppure ditalini rigati)
4 cucchiai d'Olio extravergine di oliva
70 gr. di grasso di prosciutto
2 cucchiai di conserva di pomodoro
una piccola cipolla
uno spicchio di aglio
rosmarino
maggiorana
sale e pepe.

PROCEDIMENTO
Sciacquate i fagioli e metteteli a mollo in acqua per 18 ore.
In una pentola fate scaldare l'Olio e fatevi soffriggere la cipolla tagliata grossolanamente, lo spicchio d'aglio schiacciato e gli odori; lasciare insaporire l'Olio e togliete l'aglio e la cipolla.
Nel frattempo, battete il grasso con un coltello e

versatelo nell'Olio facendolo sciogliere (se resta qualche residuo di grasso, gettatelo via!).

Aggiungete la conserva di pomodoro, diluita in pochissima acqua, e fate cucinare per 10 minuti. A questo punto versate, nel sughetto, i fagioli scolati e fateli insaporire a fuoco vivace, rimestandoli delicatamente; dopo 2-3 minuti copriteli con circa 2 litri di acqua calda e lasciateli cuocere, dolcemente e senza girarli, per almeno 45 minuti.

Quando i fagioli sono cotti al dente, buttate la pasta e fatela cuocere direttamente nel brodo dei fagioli. Lasciate un po' intiepidire la minestra, prima di servirla.

Per rendere la minestra più densa, c'è chi schiaccia nel passaverdure un mestolo di fagioli, prima di buttare la pasta.

Con la consulenza di Paola Trozzi (snap)

LENTICCHIE DI SANTO STEFANO

INGREDIENTI
400 gr. di lenticchie di Santo Stefano
Olio extravergine di oliva
pane raffermo
2 coste di sedano
4-5 foglie di alloro
4 spicchi di aglio rosso di Sulmona
2 pomodori pelati
peperoncino
sale e pepe.

PREPARAZIONE

Lavate le lenticchie, nettatele e mettetele in un tegame di terracotta insieme all'Olio, all'aglio, all'alloro, al sedano, al peperoncino, al pomodoro.

Versate poi acqua, fino a 4 dita al di sopra delle lenticchie.

Fate cuocere a fiamma moderata.

Quando l'acqua è evaporata quasi del tutto (dopo circa 25-30 minuti), spegnete il fuoco e lasciate riposare.

Come gustarle

La morte loro è con i tozzetti fritti (pane casereccio raffermo, tagliato a cubetti e fatto saltare, in una padella antiaderente, con un filo d'Olio, fino a che non diventino croccanti). Sono ottime anche con le sagnarelle o gli gnocchetti di acqua e farina.

Ma sono superbe anche per accompagnare le salsicce o lo zampone: in questo caso sarà sufficiente aggiungere alla ricetta 2 cucchiai di conserva di pomodoro e di coprire con 2 dita di acqua, anziché con 4. Il resto della preparazione resta invariato.

FREGULA CON LE ARSELLE

La "fregula" è una pasta di semola di grano duro, tipica della Sardegna, che difficilmente si trova fuori dall'isola, se non in negozi specializzati. Da un certo punto di vista si può considerare una versione di cous cous, anche se i grani tondeggianti della fregola sono più grossi delle dimensioni tipiche di questo.

Per fare in casa la fregola sarda bisogna prendere un

recipiente ampio, meglio se di terracotta, versare la semola e spruzzarla d'acqua, provvedendo a rimestarla e a massaggiarla con le mani.

Con una schiumarola larga, bisogna togliere i piccoli grumi che si formano e continuare l'operazione fino all'esaurimento della semola.

Lasciare asciugare e, possibilmente, fare tostare con un rapido passaggio in forno (già riscaldato a 120°C.), fino a che non assume un colorito nocciola.

INGREDIENTI

300 gr. di fregola
700 gr. di vongole (arselle)
700 gr. di cozze
4 pomodori essiccati e sott'olio
3 alici spagnole sotto sale
un cucchiaio di conserva di pomodoro
un cucchiaino di capperi sotto sale
un bicchiere di Olio extravergine d'oliva
un bicchiere di Vermentino giovane
brodo vegetale o fumetto di pesce
prezzemolo
4 spicchi di aglio
peperoncino
sale e pepe.

PREPARAZIONE

In un tegame, munito di coperchio, faccio aprire le vongole e le cozze - separatamente - in un fondo di Olio extravergine nel quale ho fatto imbiondire: uno spicchio di aglio, qualche rametto di prezzemolo, un pezzetto di peperoncino, un rametto di rosmarino fresco; aggiungo ½ bicchiere di vino bianco secco e copro. Quando si saranno aperte, le privo delle conchiglie e pongo i molluschi in una scodella nel liquido che avranno rilasciato, opportunamente filtrato.

In una pila, faccio soffriggere l'Olio, l'aglio e qualche gambo di prezzemolo. Aggiungo i filetti di alici dissalate e spinate (ma non lavate) e le faccio disfare nel fondo di cottura. Aggiungo i capperi dissalati e lavati, i pomodori essiccati e sminuzzati grossolanamente e la conserva di pomodoro, stemperata in ½ bicchiere di Vermentino.

Lascio insaporire per 10 minuti, quindi aggiungo la fregola e procedo, come se dovessi preparare un risotto: faccio tostare la fregola, per uno o due minuti, e aggiungo il brodo caldo (o il fumetto) un poco per volta. Quando mancano pochi minuti alla cottura, aggiungo i molluschi con il loro liquido filtrato e faccio ritirare.

Solo a questo punto regolo di sale e di pepe.

Faccio un trito molto fine di prezzemolo e, dopo averlo fatto riposare per qualche minuto, lo unisco alla fregula, prima di impiattare con un filo d'Olio.

GAZPACHO FREDDO

(ricetta originale)

Il Gazpacho è una tipica zuppa fredda di verdure crude, finemente tritate o frullate, originaria dell'Andalusia, ma diffusa ormai in tutta la Spagna, grazie al successo avuto con i turisti: come tutte le preparazioni di origine contadina, anticamente veniva portata nei campi come rinfrescante e gustoso spuntino.

La caratteristica principale del Gazpacho, nato in una delle regioni più calde della Spagna, è la grande sensazione di freschezza che si ha nel gustarlo; per questo, a volte, alla preparazione vengono aggiunti anche cubetti di ghiaccio.

Nei ristoranti spagnoli, il più delle volte, il Gazpacho viene presentato passato al mixer guarnito o contornato da ciotoline contenenti: piccoli cubetti di cipolla, pane fritto (oppure tostato o raffermo), uovo sodo, cetrioli, pomodori, peperoni.

INGREDIENTI
½ bicchiere di aceto di vino bianco
uno spicchio di aglio
un cetriolo
una cipolla rossa di Tropea
½ bicchiere di Olio extravergine di oliva
100 gr. di mollica di pane raffermo
un peperone verde
½ peperone rosso
600 gr. di pomodori da sugo
sale e pepe.
... e per accompagnare:
un cetriolo a dadini; una cipolla rossa di Tropea a dadini; dadini di pane tostato o fritto; uova sode; pomodori da insalata; finocchio; .

PREPARAZIONE
Fate ammollare il pane in una ciotola, coprendolo con acqua e mezzo bicchiere di aceto e, intanto, spellate e liberate i pomodori dai semi interni. Tagliuzzateli e

"strizzateli" per eliminare anche i semini più piccoli.

Tagliate a tocchetti gli altri ingredienti e poneteli in un frullatore dove via via metterete: i peperoni, il cetriolo, la cipolla e l'aglio lavati e mondati.

Aggiungete un filo d'Olio e fate frullare bene, in modo da ottenere un composto denso, liscio e omogeneo.

Aggiungete il pane strizzato, aggiustate eventualmente di sale, pepe e aceto (quest'ultimo si deve sentire lievemente), a seconda dei vostri gusti, e frullate di nuovo per qualche secondo.

Fate riposare il Gazpacho qualche ora in frigorifero e servitelo freddissimo, accompagnato da alcune ciotoline contenenti dadini di verdure, pane fritto nell'Olio (o tostato), uovo sodo, con cui i vostri commensali guarniranno il proprio.

Il Gazpacho viene servito in bicchieri, alla stregua di un aperitivo: in questo caso, data la sua peculiarità rinfrescante, deve risultare più liquido e viene, perciò, allungato con acqua ghiacciata.

Se invece volete gustarlo come zuppa fredda, vi consiglio di lasciarlo più denso e, invece di aggiungere del ghiaccio che lo annacquerebbe, mettetelo per più tempo in frigorifero o in freezer, per raggiungere la temperatura desiderata.

Il Gazpacho deve risultare freschissimo, se non addirittura gelato, saporito, ma non piccante, non forte di aceto e fluido nel modo giusto.

CARBONARA

INGREDIENTI
250 gr. di guanciale
150 gr. di Pecorino romano
5 tuorli d'uovo (uno a testa oltre quello per la padella)
NO VINO!
300 gr. di spaghetti lenta essiccazione
pepe nero
sale grosso (poco e solamente per l'acqua di cottura della pasta)

PROCEDIMENTO
taglio il guanciale in pezzi regolari e non troppo piccoli (delle dimensioni della falangetta di un mignolo) che metto in padella rovente, per farli "sudare" lentamente a fuoco basso; quando diventano croccanti, li scolo, li metto da parte e verso nella padella uno o due cucchiai di acqua di cottura e aggiungo, subito, un po' di pepe appena macinato, per lasciarlo idratare.
Mentre la pasta si cuoce al dente, mi dedico a quello che viene detto il "panetto": metto i rossi in una scodella e li mischio insieme con ¾ del formaggio, un cucchiaio di fondo della padella e una macinata di pepe; se il panetto risulta troppo compatto, aggiungo poca poca acqua di cottura...
Quando la pasta è cotta, la scolo e la verso nella padella, per farla mantecare, e - prima che la padella si raffreddi - aggiungo il panetto, che dovrà cuocere con il calore della pasta; se è necessario, mi aiuto aggiungendo pochissima acqua di cottura. Se l'uovo sprigiona ancora lo sgradevole odore di "crudo" e risulta troppo "bavoso", faccio scaldare la padella per qualche istante

sulla fiamma, ma stando attentissimo a non scatenare l'irreversibile "effetto frittata", che renderebbe vane le mie fatiche.

Impiatto, aggiungo il guanciale croccante, che avevo tenuto da parte, e spolvero con il pecorino rimasto e una generosa - generosa - nuvoletta di pepe.

RISOTTO AL POMODORO CON LO SPECK

INGREDIENTI
350 gr. di riso Roma
4 cucchiai di Olio extravergine di oliva
50 gr. fave fresche
150 gr. di passata di pomodoro
100 gr. pomodori a cubetti senza pelle e semi
½ lt di brodo vegetale (o acqua calda)
40 gr. di pancetta tesa
2 scalogni
una cipolla
una carotina
una costa di sedano
2 zucchine
50 gr. di burro
125 gr. di Grana Padano
prezzemolo
basilico
sale e pepe

PREPARAZIONE
Sbollentare, in pochissima acqua e per pochi minuti, le

fave, le zucchine e il sedano tagliati a dadini.

Rosolare, in un po' di Olio, la cipolla, le carote, i pomodorini e lo speck tagliati a cubetti.

A fine cottura aggiungere anche le fave, le zucchine e il sedano sbollentati.

In una risottiera, lasciate appassire lo scalogno in un po' di Olio: aggiungete il pomodoro e lasciate cuocere per 5 minuti. Aggiungete quindi il riso e, mescolando, fategli assorbire i profumi e i sapori della salsa al pomodoro.

Bagnate con il brodo vegetale (o l'acqua calda) e portate lentamente a cottura, mescolando spesso e aggiungendo poco liquido per volta.

Quando è pronto, mantecate il risotto con burro e grana grattugiato e guarnite con le verdure stufate con lo speck.

La Pils è la birra perfetta per esaltare questo piatto agli ortaggi e bilanciare, allo stesso tempo, quel senso di corposità tipico del risotto.

GAMBERONI ALLA FIAMMA

INGREDIENTI
12 gamberoni freschi
una cipolla piccola
un limone
½ bicchiere di Olio extravergine di oliva
un bicchierino di whisky non torbato
sale.

PROCEDIMENTO:

In un tegame di rame fate scaldare l'Olio e la cipolla tagliata sottilmente; quando la cipolla è diventata dorata, toglietela e versate i gamberoni; aggiungete il succo di ½ limone e un pizzico di sale e fate saltare i crostacei a fuoco vivace. Quando i gamberoni diventano rossi, irrorate con il distillato e lasciate cuocere fino a quando il liquore non sfrigola. A questo punto date fuoco (*) al liquore e lasciate che i carapaci ne assorbano gli aromi.

Servite non qualche spicchio di limone, non appena la fiamma si sarà spenta.

(*) Questa preparazione è di grande effetto e, se fatta correttamente, dà degli ottimi risultati in termini organolettici. E' necessario, però, osservare alcune precauzioni. Usate un liquore ad alta gradazione, che non abbia aromi o sapori eccessivamente invasivi: se usate un whisky, che non sia torbato; se usate un rum, che non sia caramellato; se usate un cognac, che non sia troppo invecchiato (in questo ultimo caso è molto meglio che lo gustiate a fine pranzo!).

Per accendere il flambè, inclinate la padella, facendo convogliare tutto il liquido nella parte del metallo più vicino alla fiamma; fate prendere calore fintanto che i vapori di alcool, vicini alla fiamma, faranno prendere fuoco a tutta la preparazione.

A questo punto, facendo molta attenzione, fate saltare leggermente gli scamponi e lasciate che le fiamme si spengano da sole.

... non chiamate i pompieri: se li mangerebbero tutti!

BOCCONCINI DI BACCALA' E PATATE

INGREDIENTI:
700 gr. di baccalà bagnato in tranci
500 gr. di patate
3 uova
una cipolla
400 gr. di polpa di pomodoro
2 spicchi di aglio rosso di Sulmona
uvetta passita
prezzemolo
farina
noce moscata
Olio extravergine di oliva
peperoncino
sale e pepe

PREPARAZIONE:
Infarino i tranci di baccalà e li friggo in Olio d'oliva: quando sono dorati li scolo e li sistemo su carta assorbente.

In un tegame di coccio scaldo 5 cucchiai di Olio extravergine e rosolo la cipolla, finemente tritata, insieme a 2 spicchi di aglio; quando l'aglio comincia a dorare, lo tolgo e aggiungo il pomodoro e l'uvetta passita rinvenuta in acqua calda, facendo cucinare il sugo per 15-20 minuti. Trascorso questo tempo, metto le patate, faccio assorbire il sugo e quindi aggiungo un bicchiere di acqua calda; incoperchio e lascio cuocere a fiamma moderata per 10-15 minuti. Regolo di sale e pepe, facendo attenzione a non dare troppa sapidità al baccalà che è già salato per... natura. Prima di servire, aggiungo un trito di prezzemolo.

SPAGHETTI CON POMODORINI

INGREDIENTI
400 gr. di spaghetti
un mazzetto di prezzemolo
8 pomodorini a ciliegia
uno Scalogno
½ bicchiere di Olio extra vergine di oliva
un pizzico di peperoncino rosso in polvere
sale

PREPARAZIONE
Faccio rosolare nell'Olio lo scalogno e il peperoncino rosso; nel frattempo taglio i pomodorini grossolanamente e li unisco nel soffritto, aggiusto di sale e lascio cuocere, per alcuni minuti, a fuoco molto basso.
Taglio, grossolanamente, il prezzemolo, ben lavato e asciugato, e lo lascio da parte.
Intanto lesso gli spaghetti, in abbondante acqua salata, li caccio al dente e li faccio saltare nella padella con il sughetto precedentemente preparato.
Prima di servirli li cospargo col prezzemolo tritato.

PIOVRA BRASATA

INGREDIENTI
un polpo grande (2 kg.)
5 patate
10 pomodori al pendolo (invernali)
2 spicchi di aglio
una cipolla bianca
2 porri piccoli
prezzemolo
peperoncino secco
pepe o peperoncino
½ bicchiere di vino bianco
Olio extra vergine di oliva
sale, pepe

PROCEDIMENTO
Pulisco il polpo delle sue interiora, degli occhi e del becco, lo lavo sotto acqua corrente, fino a quando la sua superficie non sarà più viscida, e la sua pelle, passandoci con un dito, farà: screek...
Lo metto in una pentola e lo copro con acqua fredda. Faccio cuocere 45 minuti, a partire dalla prima ebollizione, dopo di che lo lascio nel suo brodo, fino a quando non ridiventa quasi freddo.
Nel frattempo, lavo e sbuccio le patate e le metto a bagno e, dopo, le taglio in grossi pezzi; immergo, per pochi minuti, i pomodori al pendolo in acqua bollente- in questo modo sarà più facile spellarli- e poi li taglio a pezzetti; trito finemente la cipolla e i porri e schiaccio l'aglio.
Nella pentola di terracotta verso abbondante Olio; aggiungo la cipolla, l'aglio e il peperoncino; lascio dorare

per qualche minuto, quindi aggiungo il pomodoro e dopo 2- 3 minuti anche le patate.

Quando le patate sono a metà cottura, aggiungo il polpo, tagliato a pezzi, coprendo con poco del suo brodo.

Copro la pignata e proseguo la cottura, a fuoco lento, per altri 10- 12 minuti. Quando il polpo risulterà morbidissimo spengo e... che sapore!

SPAGHETTI AI CROSTACEI

INGREDIENTI
350 gr. di spaghetti
un kg. di crostacei misti (gamberi, scampi, pannocchie, granchi)
800 gr. di pomodori san Marzano maturi
½ bicchiere di Olio extravergine di oliva
2 cipolle rosse di media grandezza
2 spicchi di aglio rosso di Sulmona
prezzemolo
una foglia di alloro
pepe nero e sale.

PREPARAZIONE
Tuffo i pomodori, per alcuni minuti, in acqua bollente, li spello, li privo dei semi e dell'acqua.
Faccio un trito, molto fine, con la cipolla e i gambi di prezzemolo e schiaccio leggermente l'aglio.
Pulisco i crostacei e li privo delle antenne e del tubo digerente: con una forbice pratico una incisione sulla

pancia, dalla coda alla testa.

PROCEDIMENTO

Metto l'Olio in una capiente padella e vi faccio imbiondire il trito di cipolla e prezzemolo, insieme con l'aglio che, dopo che sarà imbiondito, toglierò dalla padella.

Dopo pochissimi minuti aggiungo i crostacei e li faccio saltare per qualche minuto, a fiamma vivace, fino a quando non avranno assunto un bel colore rosso scuro.

Verso il pomodoro, schiacciato con la forchetta, e la foglia di alloro, regolo di sale e lascio cucinare, a fuoco moderato, per 20 minuti, mescolando di sovente.

Quando il sugo sarà abbastanza ritirato, spengo la fiamma e lascio riposare per alcuni minuti.

Scolo gli spaghetti, 2 minuti prima del tempo di cottura riportato sull'etichetta, e li salto nella padella del sugo.

Prima di portare a tavola, una spruzzata di prezzemolo tritato e un filo di Olio fruttato crudo.

MACCHERONI ALLA CHITARRA
CON RICOTTA PANCETTA E ZAFFERANO

INGREDIENTI

300 gr. maccheroni freschi
200 gr. di pancetta piana affumicata (media stagionatura)
200 gr. di ricotta di pecora
½ gr. di zafferano dell'Aquila, in fili
2 cucchiai di Olio extravergine di oliva

80 gr. di pecorino stagionato grattugiato
sale e pepe.

PROCEDIMENTO

Mettete lo zafferano in una tazzina, con un pochissima acqua calda.

Passate la ricotta al setaccio, per ottenere una crema morbida e sottile, versatevi sopra un po' di pecorino grattugiato, lo zafferano in fili e la sua acqua e mescolate fino ad ottenere un composto dal colore caldo e uniforme.

In una padellina con poco Olio, mettete a soffriggere la pancetta tagliata a fiammiferi.

Fate cuocere la pasta molto al dente, scolatela (ma non gettate l'acqua di cottura) e mettetela in una terrina.

Versate sulla pasta la pancetta croccante con il grasso e mescolate.

Aggiungete la ricotta e, se necessario, qualche cucchiaio di acqua di cottura.

Impiattate e spolverate ciascun piatto con il pecorino rimasto e il pepe.

Un piatto da pastore, ma un sapore da re!

SALSA AL NERO DI SEPPIA

INGREDIENTI
700 gr. di seppie freschissime
½ lt. circa di brodo di pesce (v. ricetta fumetto)
½ bicchiere di vino bianco secco
100 gr. di passata di pomodoro

5 cucchiai d'Olio extravergine di oliva
uno scalogno
uno spicchio di aglio
prezzemolo
sale e pepe

PROCEDIMENTO

Pulisco per bene le seppie, tolgo l'osso "di seppia" e, con le forbici, le apro dalla parte del ventre.
Con moltissima delicatezza, tolgo le sacche contenenti l'inchiostro e le metto da parte in una tazza.
Anche se le seppie sono macchiate di inchiostro, senza lavarle, le taglio a striscioline e taglio anche i tentacoli.
Trito finissimo lo scalogno, insieme allo spicchio d'aglio, e lo metto in una casseruola con l'Olio e il peperoncino e faccio leggermente imbiondire.
A questo punto vi unisco le seppie, insieme a una parte del prezzemolo tritato, e faccio insaporire, per qualche minuto, a fiamma vivace. Bagno con il vino bianco e, quando è sfumato, aggiungo la salsa di pomodoro e le vescichette con l'inchiostro.
Mescolo, abbasso la fiamma, e proseguo la cottura, a recipiente coperto, per circa 10 minuti.
Alla fine, il sugo deve risultare nero come il carbone.
Con questa meravigliosa salsa posso condire spaghetti, ravioli di pesce, linguine o risotti e... vedete che vi mangiate!

TRENETTE AL PESTO ALLA "GENOVESE"

INGREDIENTI

400 gr. di trenette (in commercio si trovano con il nome di "linguine")

3 patate piccole

300 gr. di fagiolini tondi puliti

150 gr. di basilico (possibilmente della riviera ligure)

4 spicchi di aglio rosso di Sulmona

60 gr. di Parmigiano Reggiano grattugiato

30 gr. di pecorino grattugiato

12 gr. di pinoli (possono essere sostituiti con i gherigli di noce)

un bicchiere di Olio extravergine di oliva (possibilmente della Riviera Ligure, perché particolarmente "dolce")

sale grosso.

PREPARIAMO IL PESTO

Per fare il vero Pesto alla genovese cominciamo con il lavare in acqua fredda quattro mazzi (uno per persona) di basilico fresco e tenero (naturalmente della riviera ligure: non importa se di levante o di ponente) e mettiamoli ad asciugare su un canovaccio.

Nel mortaio (ma oggi si può fare anche nel frullatore: anche se i puristi inorridiscono!) cominciamo a pestare 2 spicchi d'aglio (uno ogni due mazzi): l'aglio (va benissimo quello rosso di Sulmona) deve essere dolce e piccante, non deve prevalere, ma deve farsi notare nel retrogusto... insomma: deve esserci! e non deve mancare neppure il sale grosso (grosso, perché deve assolvere anche al suo ruolo di mola abrasiva per tritare le foglie).

Solo a questo punto, aggiungiamo le foglioline di

basilico e i gambi più verdi e più teneri. Facciamo dei movimenti lenti e rotatori con il pestello (oppure con il frullatore, dando degli impulsi ad intervallo tra di loro) per estrarre tutti gli olii essenziali del basilico, che sono custoditi nelle sue foglioline.

Quando il pestato avrà assunto un colore verde brillante, ecco il momento di aggiungere i pinoli (una decina per persona): la loro funzione sarà quella di ammorbidire e amalgamare la salsa, conferendole quel bouquet delicato che smorzerà la vivacità dell'aglio.

E' giunto il momento dei formaggi: Parmigiano Reggiano e Pecorino Sardo, entrambi DOP, opportunamente stagionati.

In ultimo, ma non ultimo, ecco l'elemento principe della cucina mediterranea: l'Olio extravergine di oliva, dolce e non aggressivo, non particolarmente intenso e adatto per sposare tutti gli ingredienti, esaltandone le caratteristiche e rendendoli una parte del tutto. Versiamolo a filo... lentamente.

Tutta questa lavorazione deve avvenire a temperatura ambiente e nel minor tempo possibile, per evitare problemi di ossidazione e di riscaldamento.

PROCEDIMENTO

Una volta preparato il pesto, teniamolo al freddo e cominciamo a lessare la pasta.

Prima, però, dobbiamo lavare e pulire i fagiolini e sbucciare e tagliare le patate a dadini di un centimetro.

In una grossa pentola, portiamo a bollore dell'acqua, salata pochissimo (il pesto contiene il pecorino, che è salato di per sé) e mettiamo a cuocere le patate; dopo

5-6 minuti, mettiamo anche i fagiolini e, insieme, le trenette.

Versiamo il pesto nel vassoio da portata, diluito con ½ mestolo di acqua di cottura. Quando la pasta sarà al dente, scoliamola insieme alle verdure e versiamo tutto nel vassoio. Condiamo e aggiungiamo un filo di Olio, una grattatina di pecorino e qualche fogliolina di basilico.

CARCIOFI, PATATE E TALEGGIO

INGREDIENTI
5 carciofi romaneschi (mammole)
3 patate
4 fettine di taleggio
olio per friggere di arachidi
un bicchiere di Olio extravergine di oliva
un mazzetto di prezzemolo
un rametto di salvia
qualche foglia di mentuccia
3 spicchi di aglio rosso di Sulmona
400 gr. di pasta lievita per pizza
4 pomodori secchi sott'olio
vino bianco
sale e pepe

PREPARAZIONE
Netto i carciofi delle foglie più dure, tolgo le punte e li metto in acqua e limone.
Lavo, sbuccio, lavo e taglio le patate in fettine sottili e le faccio sbollentare in acqua bollente, leggermente

salata; le scolo e le lascio asciugare su carta assorbente.

Stendo la pasta lievitata e ne ricavo 4 dischi del diametro leggermente superiore a quello delle terrine di cui dispongo.

Trito, molto finemente, il prezzemolo, la salvia, la mentuccia e 2 spicchi di aglio e li metto ad appassire in un tegame, con 4 cucchiai di Olio; aggiungo i pomodori secchi sminuzzati e 4 carciofi, tagliati in sottili fettine longitudinali.

Lascio insaporire, per alcuni minuti, mescolando delicatamente, quindi aggiungo un po' di vino e un po' di acqua calda: copro con un "coppo" di carta da forno e lascio cuocere per 20 minuti.

Prendo le 4 terrine di coccio e le spennello per bene con dell'Olio di oliva; dispongo sul fondo le fettine di patate sbollentate, le fettine di taleggio e gli spicchi di carciofo stufati e copro con i dischi di pasta, facendoli aderire sui bordi, in modo che si sigilli il contenuto; spennello la parte superiore con Olio e inforno a 180° C. per 20 minuti.

Mentre la preparazione si cuoce, tolgo il quinto carciofo dall'acqua acidulata e lo taglio a julienne sottile; asciugo, tamponando il carciofo su un panno, e friggo in abbondante olio di arachidi bollente, fino a quando diventano croccanti; scolo e lascio asciugare.

Tolgo le terrine dal forno, guarnisco con la julienne croccante di carciofi, e porto in tavola.

RATATOUILLE

INGREDIENTI
4 cucchiai di Olio extravergine di oliva
2 melanzane
3 peperoni (uno rosso, uno giallo, uno verde)
un cuore di sedano
una cipolla
25 gr. di capperi
2 acciughe siciliane
½ bicchiere di aceto di vino bianco
30 gr. di zucchero
300 gr. di pomodori maturi
olive nere snocciolate
uva sultanina
pinoli
un rametto di basilico
sale e pepe.

PREPARAZIONE
Lavate le melanzane e tagliatele a tocchetti di un cm. di lato lasciando la buccia. Mettetele, dopo averle salate, in uno scolapasta, per far scolare l'acqua amara (circa un'ora). Risciacquate e asciugate bene con carta assorbente da cucina o con un panno.
Pulite e lavate il sedano; tagliatelo trasversalmente in pezzi e lasciatelo bollire per circa 5 min., prima di scolarlo accuratamente.
Lavate i peperoni e tagliateli a listarelle.
Pelate i pomodori, eliminate i semi e tagliateli in pezzetti.
Togliete il sale dalle acciughe, diliscatele e ricavatene dei filetti, che poi triterete molto finemente (fate

attenzione a non lavare le acciughe!).

PROCEDIMENTO

In un tegame, fate saltare i cubetti di melanzane nell'Olio fino a quando non si siano dorate. Scolatele e privatele dell'Olio in eccesso, aiutandovi con la carta da cucina, e tenetele in caldo.

Nello stesso fondo, versate la cipolla e il sedano e lasciate cuocere per 2-3 minuti; quando sarà morbida, aggiungete i peperoni e fateli friggere per 5 minuti, quindi aggiungete il pomodoro e lasciate cucinare insieme per pochi minuti.

Aggiungete, ora: i capperi lavati e strizzati, le olive nere, le acciughe, le melanzane, l'uva sultanina e i pinoli.

Regolate di sale e di pepe e lasciate cuocere il tutto, a fiamma bassa, prestando attenzione a non far attaccare sul fondo, per 15 minuti circa.

Aggiungete lo zucchero e l'aceto. Cuocete per altri 3-4 minuti, mescolando molto delicatamente. Guarnite col basilico.

Questo piatto, vera ricetta della tradizione culinaria siciliana, può essere servito come contorno o come piatto unico (soprattutto d'estate). Si può servire anche come antipasto freddo.

È ottimo anche per condire i rigatoni; in questo caso però la salsa si deve addensare di più e non dimenticate una generosa manciata di ricotta secca grattugiata.

CARCIOFI AL FORNO

INGREDIENTI

8 grossi carciofi romaneschi

4 cucchiai di pangrattato

2 cucchiai di pecorino romano grattugiato

5 o 6 filetti di acciuga sott'olio

2 spicchi di aglio

½ bicchiere di Olio extravergine di oliva

½ bicchiere di vino bianco

un limone con buccia edibile

sale e pepe

PROCEDIMENTO

Togliete ai carciofi le foglie esterne più dure e tutto il gambo e spuntateli con un taglio netto.

Con un coltellino, ben affilato, ripulite il fondo dalla scorza dura e, via via che sono pronti, metteteli in acqua, acidulata con succo di limone.

Tritate finissimi gli spicchi d'aglio ed il prezzemolo e unitevi il pangrattato, il pecorino e i filetti di acciuga, tagliati a pezzettini, insieme con poco sale e pepe.

Scolate i carciofi e sbollentateli, per 5 minuti, in acqua bollente, leggermente salata.

Scolateli, apriteli con le dita, molto delicatamente, e riempiteli con il composto preparato.

Sistemateli in una pirofila che li contenga giustamente e irrorateli con abbondante Olio.

Fate scivolare, sul fondo della pirofila, mezzo bicchiere di vino e altrettanta acqua e mettete i carciofi nel forno, precedentemente scaldato a 200°C, lasciandoli cuocere per poco meno di un'ora, fino a quando saranno teneri e rosolati. Serviteli tiepidi.

CREMA DI PISELLI CON GNOCCHETTI DI RICOTTA

INGREDIENTI
500 gr. di ricotta
250 gr. di farina
125 gr. di parmigiano
2 uova
una fetta spessa di pancetta
500 gr. di piselli
Olio extravergine di oliva
Sale
brodo q.b.

PROCEDIMENTO
Per la crema di piselli:
Sbianchisco per 2 minuti, in acqua bollente, i piselli sgranati e li faccio raffreddare immediatamente in acqua e ghiaccio.
Faccio soffriggere la pancetta con un goccio di olio, aggiungo i piselli sbianchiti e faccio insaporire per 2 minuti.
Unisco un mestolo di brodo e porto a cottura i piselli; dopodiché tolgo la pancetta e metto il tutto in un frullatore. Aggiungo Olio, sale e assaggio.
Per gli gnocchi:
In un contenitore schiaccio la ricotta, aggiungo: la farina, il parmigiano e l'uovo. Aggiusto di sale, impasto con le mani e formo gli gnocchi.
Porto a bollore l'acqua e cuocio gli gnocchi.

Quando sono cotti, li scolo e li faccio saltare in padella, con un goccio di Olio extravergine e i dadini di pancetta croccante.

Prendo le fondine calde, formo un letto con la crema di piselli sul fondo, vi adagio sopra gli gnocchi e cospargo di parmigiano.

Semplicemente, buoni.

CARCIOFI E PISELLI

INGREDIENTI
4 carciofi Vastesi (o violette)
300 gr. di piselli sgusciati
300 gr. di fave fresche sgusciate
200 gr. di lattuga romana
un limone
2 cipollotti freschi
3 cucchiai d'Olio extravergine di oliva
50 gr. di pancetta tesa, in un'unica fetta
sale e pepe.

PROCEDIMENTO
Mondate i carciofi, scartando le foglie esterne e la punta; divideteli in due, togliete l'eventuale fieno interno e tagliateli a spicchi, lasciandoli cadere in acqua, acidulata con il succo di limone o con aceto. Sgranate i piselli e le fave. Lavate la lattuga e trinciatela grossolanamente.

Scaldate l'Olio in un tegame e fatevi appassire i cipollotti, affettati sottilmente, insieme alla pancetta, tagliata a dadini minuscoli.

Quando la cipolla sarà diventata trasparente, versate nel tegame: carciofi, piselli e fave, mescolate e insaporite con sale e pepe; quindi incoperchiate e lasciate cuocere dolcemente, per circa dieci minuti.

A questo punto aggiungete la lattuga e proseguite la cottura, sempre a fuoco lento, per altri 8 minuti, fino a quando le verdure saranno tenere, ma non sfatte. Non aggiungete acqua: le verdure dovranno cuocere solo con l'acqua di vegetazione.

SPAGHETTI AGLIO, OLIO E PANE ALL'ACCIUGA

INGREDIENTI
spaghetti lenta essicazione
250 gr. di pane in cassetta, senza crosta
5 filetti di acciughe sott'olio
acqua q. b.
sale
½ bicchiere di Olio extravergine di oliva
5-6 spicchi di aglio
peperoncino

PROCEDIMENTO
Scaldo in una padella di acciaio un filo d'Olio extravergine e mescolo dei filetti di acciuga, fino a farli sciogliere. Unisco quindi il pane in cassetta, precedentemente frullato, e lo faccio insaporire in questo intingolo, facendo attenzione che il pane diventi croccante.

Mentre lesso gli spaghetti in acqua salata, faccio un soffrittino con Olio, aglio e peperoncino; vi unisco gli spaghetti, cotti al dente, e li lascio insaporire, aggiungendo prezzemolo tritato e un filo di acqua di cottura.
Metto gli spaghetti in una fondina calda e ricopro con il pane croccante all'acciuga.

SUGO DI POMODORO

INGREDIENTI
1.5 kg. di pomodori maturi
½ bicchiere di Olio extravergine di oliva
uno spicchio di aglio
una cipolla dorata
una carotina
una costola di sedano
prezzemolo
un cucchiaio di conserva di pomodoro
peperoncino verde
sale

PREPARAZIONE
Tuffo i pomodori nell'acqua bollente, leggermente salata, per 3 o 4 minuti, dopo di ché li privo della pellicina, dell'acqua di vegetazione e dei semi; li taglio, grossolanamente, e li passo al passa-verdure (non al minipimer!).
Preparo un trito sottile con: carota, cipolla, sedano, prezzemolo e lo faccio soffriggere con l'Olio e uno

spicchio di aglio "vestito", che tolgo, non appena inizia a prender colore.

Aggiungo la conserva di pomodoro e la faccio caramellare nell'Olio bollente, per qualche minuto.

A questo punto aggiungo anche i pomodori passati e faccio prendere bollore velocemente, a fuoco vivace, senza coperchio; cucino per altri 15-20 minuti, dopo di che regolo di sale.

Questa salsa può essere usata così, con l'aggiunta di qualche foglia di basilico fresco, oppure tenuta in frigo per 2 o 3 giorni ed utilizzata per fare ragù di carne, sughi di pesce o altre preparazioni.

Una base indispensabile per una buona e sana cucina!

SPAGHETTI AL POLPO NOSTRANO

INGREDIENTI
400 gr. di spaghetti lenta essiccazione
800 gr. di polpo verace
½ bicchiere di Olio extravergine di oliva
4-5 spicchi di aglio
½ bicchiere di vino bianco
400 gr. di pomodorini maturi
peperoncino piccante
basilico
150 gr. di olive taggiasche denocciolate
sale

PROCEDIMENTO
Al fine di renderlo facile alla masticazione e tenero - ma

fondente - dopo la cottura, il polpo deve subire il preventivo trattamento della battitura (con un piccolo mattarello si "batte" non troppo forte, al fine di sfibrarlo) o, in alternativa, il processo di congelamento e scongelamento (io preferisco quest'ultimo).

Fatta una di queste operazioni, lo getto (o "li" getto) in una capiente padella di alluminio, vuota, ma rovente e aspetto che perdano la loro acqua (elemento di cui, in massima parte, sono composti).

Nel frattempo, in un'altra padella, faccio scaldare l'Olio, con gli spicchi di aglio tagliati a grossi pezzi; quindi aggiungo il polpo che nel frattempo avrà perso tutta la sua acqua.

Dopo una decina di minuti, aggiungo il vino e lo faccio sfumare; quindi le olive, il peperoncino, il basilico, spezzato con le mani e i pomodorini tagliati a metà.

Regolo di sale e lascio cucinare, fino a quando il polpo si lascerà infilare facilmente con una forchetta.

Tolgo i polpi dalla padella e, nel sugo - profumatissimo e saporitissimo - faccio saltare gli spaghetti, lessati al dente e leggermente salati.

Impiatto e guarnisco con il polpo e qualche fronda di prezzemolo.

Piatto incredibile per la sua bontà!

TARALLUCCI ALL'ANICE

INGREDIENTI
5 cucchiai di zucchero semolato
100 gr. di vino (bianco, o rosso, o aromatizzato)

80 gr. di Olio extravergine di oliva
270 - 300 gr. di farina
un cucchiaio di semi di anice bio

PROCEDIMENTO

In una ciotola, unire tutti i liquidi e lo zucchero e mescolare.

Aggiungere la farina e i semi di anice e mescolare, fino ad ottenere un impasto liscio e morbido.

Ricavare dei filoni dello spessore di un mignolo; formare le ciambellette, cospargerle di zucchero semolato e infornare a 175°C. per 12-13 minuti.

Semplici ma gustosissimi! crock...

TORTA DI MELE

INGREDIENTI
5 mele (Golden, o Fuji)
2 uova
100 gr. di zucchero
70 gr. latte
50 gr. di Olio extravergine d'oliva
250 gr. di farina 00
una bustina di lievito per dolci
un limone (succo e buccia)
zucchero di canna
un cucchiaino di cannella
un cucchiaino di zenzero in polvere
80 gr. di uvetta zibibbo
80 gr. di gherigli di noce

un bicchierino di Grappa morbida

PROCEDIMENTO

In una ciotola inserisco le uova intere e lo zucchero, aziono uno sbattitore elettrico e faccio raddoppiare di volume il composto. Aggiungo: il latte, l'Olio extravergine, il lievito, la farina, la grappa e la buccia di limone grattugiata.

Nel frattempo sbuccio le mele, le taglio in piccoli pezzi e le metto in una ciotola, insieme con: il succo di limone (per non farle ossidare), 2 cucchiai di zucchero di canna, lo zibibbo (precedentemente fatto ammollare in un po' di rum), la cannella e lo zenzero.

Fodero uno stampo con carta da forno, inumidita e strizzata, e vi verso tutto l'impasto; livello la superficie con una spatola e dispongo al di sopra, a raggiera, delle sottili fettine della quinta mela rimasta e appena sbucciata.

Cospargo, al di sopra, con altro zucchero di canna e metto in forno preriscaldato a 180°C. per 30-35 minuti.

SANGRIA

INGREDIENTI
un litro di vino rosso
un'arancia
una mela
una pera
una pesca gialla
una banana

8 fragole grandi (va bene qualsiasi tipo di frutta fresca)
qualche chiodo di garofano
4 cucchiai di zucchero
una stecca di cannella
2 bicchierini di brandy
un bicchierino di liquore al mandarino
ghiaccio

PREPARAZIONE

Metto il vino in un grosso recipiente di vetro (o di terracotta) insieme al ghiaccio, e vi butto dentro lo zucchero, i chiodi di garofano e la cannella. Sbuccio e taglio a pezzi la frutta, lasciando gli agrumi con la loro buccia. Aggiungo anche i liquori.

Tengo nel frigo, fino a quando le mele diventano del colore del vino.

La sangria (come quasi tutte le ricette, che mischiano sapori e odori molto forti e molto diversi) è una bevanda estremamente povera che nasce per "riciclare" in modo creativo, qualcosa che non si poteva più consumare da sola. Per esempio, il vino di pessima qualità (infatti, in Spagna, il vino per la sangria costa pochissimo) e la frutta avanzata (non in avanzato stato di decomposizione!).

CHEESCAKE AL LIMONE

INGREDIENTI
per la base:
180 gr. di frollini alla vaniglia

100 gr. di burro fuso
per il ripieno:
500 gr. di formaggio cremoso (tipo Philadelphia)
25 cl. di panna fresca
40 gr. di amido di mais
150 gr. di zucchero a velo
2 uova
2 limoni
un lime
per la decorazione:
un limone e un lime

PROCEDIMENTO

Frullo i frollini, aggiungendo il burro fuso, e stendo il composto sulla base di uno stampo apribile, imburrato e foderato di carta da forno; presso bene il composto con le mani o con il dorso di un mestolo, e lascio in frigo per almeno 30 minuti.

Nel frattempo lavo i limoni e il lime, ne grattugio la scorza in una ciotola e vi aggiungo il succo.

Nella planetaria mescolo il formaggio cremoso con lo zucchero, due rossi d'uovo (uno alla volta), e aggiungo metà del succo di limone e la panna, fino ad ottenere una crema.

Stendo questo composto sopra lo strato di biscotti e burro, che ormai si è rappreso, e rimetto il tutto in frigorifero.

Bagno i fogli di gelatina in poca acqua; trascorsi 5 minuti li scolo, li strizzo con le mani e li aggiungo al succo di lime e di limone rimasto, leggermente intiepidito; mescolo fino a completo raffreddamento.

Quando la gelatina si sarà raffreddata, la stendo sulla cheescake e livello con una spatola; guarnisco con delle fettine di limone e di lime tagliate sottilissime e lascio in frigo per almeno 4 ore.

CREMA PASTICCERA

INGREDIENTI
0.8 lt. di latte fresco
8 tuorli d'uovo a pasta gialla
2 cucchiai di amido di mais
8 cucchiai di zucchero vanigliato
la buccia intera di un limone, oppure una bacca di vaniglia.

PREPARAZIONE
In una pentolino faccio bollire il latte, con un baccello di vaniglia tagliato a metà o una buccia di limone.
In una ciotola, con una frusta, lavoro i tuorli con lo zucchero, fino ad ottenere una crema spumosa e biancastra; aggiungo poco alla volta l'amido.
Quando il latte arriva ad un punto vicino alla bollitura, lo verso poco alla volta, passandolo, attraverso un colino, sul composto di uova.
Quando tutto il latte sarà stato versato e amalgamato, verso il composto nel pentolino del latte e porto a ebollizione, mescolando sempre di continuo (non importa in quale verso).
Abbasso la fiamma e faccio addensare fino alla consistenza voluta, che dovrà essere "cremosa".

Spengo il fuoco e lascio raffreddare la crema pasticcera, spalmandola su una teglia di acciaio (o di ceramica) coperta di pellicola.

PIZZA DOLCE A STRATI

INGREDIENTI
150 gr. farina 00
150 gr. zucchero semolato
6 uova, a pasta gialla
una bustina di lievito per dolci
una bacca di vaniglia
un limone

PROCEDIMENTO
Preparazione del Pan di Spagna;
sbatto le uova in una planetaria, fino a che non raddoppino di volume; aggiungo lo zucchero e, successivamente: la farina a pioggia, la buccia di limone grattugiata e la vaniglia.
Dispongo in una teglia imburrata e infarinata e inforno a 165 C. per 40 minuti.
Quando il Pan di Spagna si sarà raffreddato per almeno 4 ore, lo tolgo dallo stampo e, con l'aiuto di un coltello lungo e affilato, ne ricavo 4 dischi.
Crema Pasticcera: un lt. di latte fresco, 8 tuorli d'uovo, a pasta gialla, 8 cucchiai di amido di mais, 8 cucchiai di zucchero, la buccia intera di un limone, oppure la bacca di vaniglia, che abbiamo utilizzato per il Pan di Spagna.
Metto il latte in un pentolino, insieme con la buccia di

limone o la bacca di vaniglia, e porto ad ebollizione.

In una ciotola sbatto gli 8 rossi d'uovo, insieme con lo zucchero, e aggiungo l'amido di mais.

Un po' prima che inizi a bollire, tolgo il pentolino dal fuoco e aggiungo il latte lentamente, un po' alla volta, nel preparato di uova, facendolo passare per un colino.

Quando tutto il latte si è amalgamato con le uova, lo rimetto nel pentolino e di nuovo sulla fiamma media e, girando di continuo, faccio addensare la crema, fino alla densità desiderata.

Metà di questa crema "gialla" (dopo averla fatta raffreddate su un piatto e coperta di pellicola trasparente) la useremo su un disco e l'altra metà, unita a scaglie di cioccolato fondente, la utilizzeremo per farcire un altro disco.

Pasta di Mandorle: 300 gr. di zucchero, 150 gr. di acqua. Portare ad ebollizione 150 gr. di acqua con 300 gr. di zucchero semolato; aggiungere un po' alla volta 300 gr. di mandorle spellate e tritate al frullatore continuando a mescolare.

Il composto deve avere la consistenza di una crema, alla quale aggiungere un goccio di Anisetta o Sambuca.

Crema di cioccolato: come già detto, prendo metà della crema gialla rimasta e, ancora calda, vi aggiungo 250 gr. di cioccolato fondente sbriciolato, mescolando per favorirne lo scioglimento.

Glassa bianca: sbatto a lungo un bianco d'uovo e vi aggiungo qualche goccia di succo di limone e 200 gr. di zucchero semolato.

A questo punto preparo una emulsione di caffè amaro, 2 bicchierini di rum e 2 bicchierini di alkermes, in quantità sufficiente a bagnare tutti i dischi.

Una volta preparati tutti gli ingredienti e raffreddate tutte le creme, procedo alla farcitura dei dischi: prendo il primo disco (la base), lo bagno per bene con l'emulsione e lo ricopro di crema gialla.

Sovrappongo il secondo disco, lo bagno e lo ricopro con pasta di mandorle.

Sovrappongo il terzo disco, lo bagno e lo ricopro di crema al cioccolato.

In ultimo metto la parte superiore del Pan di Spagna (quarto disco), lo bagno e lo ricopro delicatamente di glassa bianca, aiutandomi con la lama del coltello o con una spatolina.

Decoro la superficie con i confettini di zucchero colorati e metto la pizza dolce in frigo coperta almeno per 10 ore, allo scopo di compattare tutti i dischi e donare armonia e sapore a questo dolce di compleanno, davvero... UNICO!

ZABAIONE AL MARSALA

INGREDIENTI
6 uova freschissime a pasta gialla
6 cucchiai colmi di zucchero
la quantità di ½ guscio di uovo di Marsala, per il numero delle uova

PROCEDIMENTO
In una casseruoletta di rame, non stagnato, con il fondo arrotondato, metto 4 tuorli di uova e due uova intere;

aggiungo lo zucchero e sbatto per qualche minuto con la frusta.

Quando il composto comincia a sbiancare, vi unisco il Marsala, sempre mescolando.

Metto la casseruoletta in un bagnomaria caldo, ma non in ebollizione: l'acqua dovrebbe appena fremere. Lascio cuocere, sbattendo con la frusta senza interruzione.

Quando lo zabaione si sarà addensato, diventando ben gonfio, lo verso in coppette individuali e lo servo, tiepido o freddo, accompagnandolo a biscottini secchi (vedi ricetta) o al pudding.

Una golosità da fine pasto.

PASTA FROLLA AL BURRO
(preparazione base)

INGREDIENTI
240 gr. di farina 00
120 gr. di burro
80 gr. di zucchero a velo
2 tuorli d'uovo
un pizzico di sale
la buccia grattugiata di un limone non trattato.

PREPARAZIONE
Con l'aiuto di un coltello, piuttosto grosso, tagliare il burro a listarelle grandi, un po' più grandi di un fiammifero, e poi a dadini. Il burro va quindi lavorato, con i polpastrelli delle dita, con un movimento simile a quello con cui si indicano i soldi, in modo da ottenere

uno "sfarinato" piuttosto grumoso (per una perfetta riuscita della pasta, questa operazione è indispensabile e importantissima!).

Disporre quindi lo sfarinato a fontana e setacciarvi sopra tutto lo zucchero a velo.

Aggiungere i tuorli d'uovo e la buccia di limone grattugiata e, con l'aiuto di una forchetta, dare una prima lavorata al composto.

Una volta che i tuorli si sono quasi del tutto incorporati al resto degli ingredienti, dare una velocissima impastata con le mani, ricordando che la pasta frolla, meno la si lavora e meglio è.

Avvolgere il composto con una pellicola trasparente e farlo riposare in un luogo fresco, per almeno 4 ore.

Per una perfetta riuscita della "frolla" è preferibile scegliere una farina povera di glutine (questo, infatti, rende gli impasti elastici, quando si combina con i liquidi).

Poi, il burro: il miglior risultato si ottiene utilizzando il burro freddo, di frigorifero.

E' poi fondamentale la rapidità nell'impasto: per realizzarla sono sufficienti pochi minuti. Una volta impastata, poi, questa pasta va fatta riposare, per permettere al grasso di tornare solido.

Se durante la lavorazione la pasta dovesse sbriciolarsi, può essere recuperata, aggiungendo un po' di acqua fredda o di albume. Se, invece, dovesse rompersi, può essere ricomposta nello stampo.

Le proporzioni tra gli ingredienti, possono essere cambiate: per ottenere una pasta frolla un po' più secca si possono utilizzare uova intere, anziché solo tuorli. Per aumentarne, invece, la friabilità, si può aumentare la quantità di burro o quella dello zucchero.

Se si usano stampi di alluminio, per realizzare le crostate, è necessario imburrarli e infarinarli leggermente, prima di inserire la pasta frolla.

Lo spessore della pasta stesa deve essere di circa 5 mm. se si cuoce a vuoto, di circa 4 mm. se si usa per la crostata, di 7 mm. quando si vogliono realizzare dei biscotti.

La pasta frolla, infine, deve essere ancora leggermente morbida, quando viene tolta dal forno. Raffreddandosi, infatti, tende a indurirsi e a diventare più croccante.

BISCOTTINI

INGREDIENTI
400 gr. di farina "00"
200 gr. di burro
200 gr. di zucchero semolato
150 gr. di nocciole, tostate e sbriciolate grossolanamente
un limone non trattato
una bustina di lievito per dolci
3 uova.

PROCEDIMENTO
Sciogliere dolcemente il burro in un pentolino, con un pizzico di sale.

In una boule setacciare la farina con mezza bustina di lievito, aggiungere la buccia di limone grattugiata e due uova intiere e mescolare.

Versare nel composto il burro sciolto e leggermente tiepido, le nocciole e, quindi, amalgamare.

In una teglia, rivestita di carta da forno, formare uno o più "filari" della larghezza di 8 cm., spolverare di zucchero semolato e infornare a 180°C. per 15 minuti.

Togliere dal forno, lasciare intiepidire e tagliare il lungo filaro, in modo da ottenere tanti biscottini di forma romboidale. Metterli nuovamente nella teglia e proseguire la cottura, fino a quando avranno assunto un colore nocciola (saranno sufficienti altri 10 minuti).

Si accompagnano benissimo con lo zabaione al Marsala (v. ricetta).

CIAMBELLONE

INGREDIENTI
3 uova intere
250 gr. di zucchero semolato
un bicchiere di olio di mais
un bicchiere di latte intero
200 gr. di farina "00" setacciata
100 gr. di maizena (o di fecola di patate)
una bustina di lievito per dolci
una bacca di vaniglia
la buccia di un limone grattugiata
30 gr. di cacao amaro
burro, per ungere lo stampo.

PROCEDIMENTO

Unite, nell'ordine indicato, gli ingredienti, montandoli con una frusta (possibilmente elettrica). Imburrate e infarinate lo stampo e versatevi una metà del composto.

Nella restante parte del composto amalgamatevi il cacao e versate nello stampo.

Ponete sul fornello piccolo uno spargifiamma (che di solito è in dotazione al fornetto, quando lo acquistate), mettete la fiamma al minimo e fate cuocere per un'ora e 15 minuti, senza mai togliere il coperchio.

Quando sentirete diffondersi, per tutta la casa, un inebriante profumo di vaniglia e di cacao, è il segnale che il ciambellone è pronto. Fate raffreddare, quindi toglietelo dallo stampo e copritelo con un telo di cotone.

Che profumo!

CROSTATA RICOTTA E CIOCCOLATO

INGREDIENTI
Pasta frolla per la base (v. ricetta)
una noce di burro
un cucchiaio di farina
400 gr. di ricotta di pecora
un bicchiere di latte
150 gr. di cioccolato fondente
50 gr. di zucchero a velo
un pizzico di cannella in polvere
2 cucchiai di rum.

PREPARAZIONE

Imburrate e infarinate leggermente uno stampo per crostate e rivestitelo con i 2/3 della pasta frolla, lasciando i bordi piuttosto alti. Setacciate la ricotta, dividetela in due parti uguali e mettetela in due ciotole.

In una lavorate la ricotta e il cioccolato (precedentemente fuso a bagnomaria), aggiungete mezzo bicchiere di latte e amalgamate bene il tutto (l'operazione di incorporazione del cioccolato con la ricotta deve essere veloce, in modo da non far addensare il cioccolato).

Nella seconda ciotola stemperate la ricotta con il restante latte, aggiungendo il rum e lo zucchero. Amalgamate bene, separatamente, i due composti.

Iniziate, ora, a spalmare la ricotta al cioccolato sul fondo di pasta frolla e lisciate bene la superficie. Ricoprite, quindi, con la ricotta al rum, e spolverizzate con un po' di cannella.

Con la pasta avanzata, fate delle striscioline e incrociatele sulla crostata, in modo da conferire la tipica forma a reticolato.

Infornate, a forno già caldo a 185°C. per circa 50 minuti, fino a quando la pasta non diventa dorata.

FERRATELLE (o NIVOLE o CIALDE)

INGREDIENTI

6 uova

12 cucchiai di zucchero

12 cucchiai di Olio extravergine di oliva

la buccia di un limone grattugiato
un bicchierino di rum fantasia
½ cucchiaino di cannella in polvere
600 gr. di farina tipo "00".

PREPARAZIONE
Mescolo, nell'ordine, tutti gli ingredienti in una boule, fino ad ottenere un composto spumoso. Verso a pioggia la farina e mescolo energicamente, per pochi minuti.
Lascio riposare, coperta con un panno umido.
Scaldo l'apposito "ferro" sulla fiamma.
Verso, al centro dello stampo, un cucchiaio del composto e lascio cuocere per meno di un minuto, girando una volta il ferro sul fuoco.
Le ferratele possono essere conservate, per alcuni giorni, in una scatola di latta.
Per misurare il tempo di cottura esatto, le donne abruzzesi usano tutt'ora recitare l'Ave Maria: quando la preghiera è terminata, anche la ferratella è cotta a puntino.
Quando si dice "unire l'utile al dilettevole"…

CONFETTURE

INGREDIENTI
450 gr. di zucchero per ogni chilo frutta
Un kg. di frutta, fresca di stagione, pulita

PREPARAZIONE
Mondo la frutta, la lavo, tolgo buccia e semi o noccioli e

la taglio a grossi pezzi.

Accomodo in una pentola di acciaio e copro con lo zucchero e ½ bicchiere di acqua.

Lascio macerare il tutto in un posto fresco (non il frigo) per circa 12 ore.

Lascio cuocere a fuoco moderato, schiumando spesso ed eliminando le impurità che verranno a galla.

Deve cuocere finché la marmellata non avrà raggiunto la giusta consistenza: quando, versandone un cucchiaino su un piatto, il composto scorrerà lentamente, la marmellata sarà pronta.

Invasatela ancora calda fino ad un cm. dal bordo del vaso sterilizzato e mettete il coperchio ermetico. A questo punto capovolgete il vasetto per 5 minuti, in modo che la marmellata, ancora bollente, impregni l'interno del coperchio. Si effettua così una specie di autosterilizzazione.

FARAONA IN COCCIO

INGREDIENTI
una gallina faraona pulita
½ bicchiere di Olio extra vergine di oliva
4 spicchi di aglio
½ bicchiere di vino bianco secco
2 coste di sedano
una carota
una cipolla
un cucchiaino di curcuma
un cucchiaio di farina

pepe in grani
4 bacche di ginepro
3 foglie di alloro
un rametto di rosmarino
sale e pepe.

PROCEDIMENTO

Taglio il volatile in 12 pezzi e lo lascio per 6 ore in una marinata di vino bianco, 2 foglie di lauro, un rametto di rosmarino, 10 grani di pepe, 2 spicchi di aglio vestiti, il ginepro, una cipolla, una carota, una costa di sedano.

In un tegame di coccio faccio rosolare 2 spicchi di aglio schiacciati in ½ bicchiere di Olio.

Quando l'aglio comincia a dorare, lo tolgo e aggiungo la carne (tolta dalla marinata, che getto) lavata in acqua corrente e asciugata con la carta cucina.

Faccio dorare tutti i pezzi a fuoco vivace, girandoli spesso perché non si attacchino sul fondo della casseruola; saranno sufficienti 10 minuti.

A questo punto aggiungo un rametto di rosmarino, un cucchiaino di curcuma e una foglia di alloro; dopo 2 o 3 minuti, aggiungo il vino bianco, 2 o 3 cucchiai di Olio fresco, e un bicchiere di acqua calda (meglio se brodo) in cui ho fatto sciogliere un cucchiaio di farina; regolo di sale e di pepe..

Incoperchio il tegame e faccio cuocere a fiamma moderata per 35-40 minuti.

"STRACCIATELLA" IN BRODO

INGREDIENTI
3 o 4 uova a pasta gialla
200 gr. di parmigiano grattugiato
noce moscata
un cucchiaio di farina
limone Bio
un cucchiaio di prezzemolo tritato fine
sale e pepe.

PREPARAZIONE
Sbatto le uova in una ciotola insieme a tutti gli altri ingredienti e a una grattatina di noce moscata. Aggiungo, poco per volta, la farina setacciata e il prezzemolo.
Prima di immergere il composto nel brodo, lo stempero con 4 cucchiai di brodo caldo e, quando è ben amalgamato, lo calo nel brodo bollente; attendo che riprenda il bollore e mescolo con una frusta e lascio cuocere per 5-6 minuti.

RISOTTO AL NERO DI SEPPIA

INGREDIENTI
600 gr. di riso Carnaroli
½ cipolla bianca
uno spicchio di aglio
½ bicchiere di Olio extravergine di oliva
½ bicchiere di passata di pomodoro
700 gr. di seppie nere
prezzemolo

peperoncino

300 gr. di pomodorini

400 gr. di scarti di pesce (lische, teste, chele, carapaci; NO INTERIORA!)

PREPARAZIONE

Per prima cosa preparo un fumetto di pesce che mi servirà per fare il risotto: in una pentola metto un filo di Olio extravergine, uno spicchio d'aglio vestito, mezza cipolla, un pezzetto di peperoncino e gli scarti di pesce; lascio andare a fuoco vivo fino a quando il pesce e la cipolla non iniziano a dorare; a questo punto aggiungo 1.5 litri di acqua calda, regolo di sale e lascio cuocere dopo aver tolto lo spicchio di aglio.

Indosso i guanti in lattice, tolgo l'osso dalle seppie e le apro a libro: separo le ghiandole contenenti l'inchiostro e le metto in una tazzina; privo le seppie delle parti interne e della pelle cercando di non lavarla sotto l'acqua per non far perdere loro l'inchiostro rimasto attaccato.

In una padella preparo il soffritto: verso 4 cucchiai di Olio e faccio stufare la cipolla tritata; quando la cipolla diventa trasparente, aggiungo le seppie tagliate a striscioline e i tentacoli, anche loro tritati finemente; lascio cuocere per alcuni minuti, quindi faccio sfumare con il vino bianco; aggiungo la passata di pomodoro e dopo 5 minuti le sacche di inchiostro e giro l'intingolo fino a quando non diventa nero come la pece; solo a questo punto aggiungo il riso e mescolo per far assorbire ai chicchi quanto più nero possibile.

A questo punto inizio a "risottare" aggiungendo il brodo

di pesce filtrato un mestolo per volta e mescolando di continuo e facendo attenzione a non lasciare che il risotto si asciughi troppo e che resti troppo a lungo senza una mescolata.

Tra una girata e una mestolata, taglio a metà i pomodorini lavati e li faccio saltare in padella con il restante Olio; regolo di sale e lascio andare per non più di 2 o 3 minuti; spengo la fiamma e lascio in caldo.

Quando il risotto sarà cotto e "all'onda" - cioè molto morbido e scorrevole come un'onda - lo servo in piatti piani caldi e decoro con i pomodorini saltati e una generosa spruzzata di prezzemolo tritato fino fino... che squisitezza e che insieme di colori!

PALLOTTE CACIO E UOVA

INGREDIENTI
400 gr. di pane raffermo
2 spicchi di aglio
un rametto di prezzemolo
4 uova grandi (o 6 piccole)
200 gr. di Parmigiano Reggiano
200 gr. di pecorino
un bicchiere di latte
un pizzico di sale
Olio extravergine di oliva.

PROCEDIMENTO
Bagno il pane con il latte, lo strizzo accuratamente e lo metto in una boulle insieme con i formaggi grattugiati,

l'aglio e il prezzemolo tritati finemente e un pizzico di pepe. Lascio riposare in frigo il composto per una intera notte.

Mi ungo le mani e formo le pallottine non più grandi di una albicocca dando loro una forma leggermente schiacciata.

Friggo le pallotte in Olio per qualche minuto, dopo di che le "affogo" in un sughetto di aglio e pomodoro.

SPIGOLA ALL'ACQUA PAZZA

INGREDIENTI
Una spigola di pesca da un kg.
un cucchiaio di capperi sottosale
½ bicchiere di Olio extravergine
2 cucchiai di olive taggiasche denocciolate
300 gr. di pomodorini di Pachino
un cucchiaio di pinoli tostati
un bicchiere di vino bianco
prezzemolo
2 spicchi di aglio
peperoncino piccante
sale e pepe.

PROCEDIMENTO
Lavo accuratamente il pesce, lo privo degli organi interni e lo squamo; lo metto in un tegame con Olio, aglio e peperoncino e lo faccio friggere da ambo i lati per 2 minuti per lato; quando la superficie dell'orata è... dorata, aggiungo i Pachino tagliati in due e lascio

cuocere per 2 o 3 minuti; bagno con il vino bianco e faccio evaporare; quindi aggiungo mezzo mestolo di acqua calda e lascio cuocere per 10 minuti.

Giro delicatamente la spigola dall'altro lato e aggiungo le olive, i capperi messi precedentemente a bagno per togliere il sale, i pinoli e il restante vino (o acqua); regolo di sale e di pepe e lascio cucinare per altri 10 minuti togliendo il coperchio.

Se mi accorgo che il pesce sta cuocendo troppo, aggiungo pochissima acqua calda.

A cottura ultimata aggiungo il prezzemolo tritato finemente e porto a tavola.

SALSA MAIONESE

INGREDIENTI
un uovo intero a pasta gialla
un pizzico di sale
un cucchiaio di aceto bianco
180 gr di olio di semi.

PROCEDIMENTO
Nel bicchiere del mixer metto gli ingredienti seguendo questo ordine: uovo, sale, aceto e copro con una parte di olio.

Faccio scendere le lame del minipimer sul fondo del bicchiere, dopodiché lo aziono alla massima potenza; lo lascio girare, senza muoverlo, per 30 secondi, quindi lo riporto in alto e lo aziono di nuovo: ripeto questa operazione per 3 volte.

A questo punto, sempre tenendo in funzione l'attrezzo, aggiungo il restante olio "a filo" fino a quando non ottengo la consistenza della salsa che desidero.

Se si osservano queste semplicissime istruzioni, il risultato è garantito e garantito.

SPEZZATINO DI AGNELLO UOVA E LIMONE

INGREDIENTI
una spalla di agnello disossata
½ bicchiere di Olio extravergine di oliva
2 spicchi di aglio
3 uova
un limone
un rametto di timo fresco
vino bianco
sale e pepe.

PREPARAZIONE
Taglio la carne a bocconcini di 3 cm. di lato e li faccio rosolare in una padella di alluminio o di rame con l'Olio e uno spicchio di aglio; quando si saranno dorati e avranno un bel colore brasato, bagno con vino e aggiungo il timo.

Quando l'alcool sarà evaporato, aggiungo 2 o 3 mestoli di acqua calda e porto a cottura per altri 20 minuti; regolo di sale e di pepe.

A cottura ultimata, tolgo la carne e la tengo in caldo; filtro il fondo di cottura e lo metto in un pentolino.

In una ciotola verso solo i rossi di uovo, il limone

spremuto e la buccia del limone tagliata a lamelle sottili. Sbatto le uova con una frusta e le aggiungo al fondo di cottura; metto il pentolino sulla fiamma bassa e mescolo di continuo fino ad ottenere una consistenza cremosa.

Servo la carne e guarnisco con questa profumatissima e saporitissima crema.

PAPPA AL POMODORO

INGREDIENTI
350 gr di pane raffermo
750 di pomodori da sugo maturi
½ bicchiere di Olio extravergine di oliva
2 spicchi di aglio rosso di Sulmona
un porro
basilico
acqua calda
pepe nero e sale.

PREPARAZIONE
Lavo i pomodori e li taglio a pezzi; quindi li metto in una boulle e li condisco con 2 cucchiai di Olio e un pizzico di sale.

In una casseruola, faccio scaldate 4 cucchiai di Olio insieme con l'aglio schiacciato e il porro tagliato a velo (cioè, sottile, sottile). Quando l'aglio comincia a colorarsi, lo getto via e aggiungo i pomodori tagliati che nel frattempo si saranno insaporiti; lascio cucinare per alcuni minuti.

Nel frattempo, tolgo la crosta al pane raffermo e lo taglio a piccoli dadini.

Quando nella cucina si spargerà il profumo soave del pomodoro fresco che comincia ad asciugarsi, vi tuffo dentro i cubetti di pane e mescolo a lungo.

Aggiungo un altro paio di cucchiai di Olio, un mestolo d'acqua calda e lascio cucinare per una trentina di minuti girando spesso e aggiungendo dell'altra acqua calda, se la pappa si asciuga troppo.

Quando il pane si sarà completamente disfatto e la preparazione avrà assunto la consistenza di una profumatissima crema, sarà giunto il momento di portarla a tavola.

Questo piatto vi sorprenderà se lo servirete su scodelle calde e guarnito con qualche foglia di basilico, una macinatina di pepe nero e un giro d'Olio per lucidarlo.

BISCOTTI DA INZUPPARE NEL LATTE

INGREDIENTI
250 gr di farina tipo "0"
60 gr di olio di girasole
un uovo intero
30 ml latte
un limone con buccia edibile
120 gr di zucchero
2 cucchiai di semi di anice
un cucchiaino di lievito di ammoniaca per biscotti
50 gr di fecola di patate
40 gr di zucchero di canna

PREPARAZIONE

In una boulle sbatto l'uovo con lo zucchero e la buccia di limone grattugiata.

Aggiungo l'olio e il latte e mescolo per bene prima di aggiungere i semi di anice.

Unisco la farina poco per volta, la fecola e il lievito; continuo ad aggiungere la farina fino ad ottenere un impasto lavorabile con le mani.

Verso il composto sulla spianatoia infarinata e lo lavoro con le mani fino ad ottenere un impasto molto morbido e liscio; lo rivesto di pellicola trasparente e lo lascio riposare per 30 minuti.

Trascorso questo tempo, rimetto l'impasto sulla spianatoia infarinata e formo dei filoncini spessi poco più di un pollice e lunghi 8 cm.

Li metto in fila su una teglia ricoperta di carta da forno, ben distanziati tra di loro perché durante la cottura ricresceranno quasi del doppio.

Prima di infornare cospargo la superficie superiore del biscotto con una spolverata di zucchero di canna.

Porto il forno ventilato alla temperatura di 175° C. e faccio cuocere per 15-20 minuti.

I biscotti dovranno essere leggermente dorati: una volta raffreddati, diverranno friabili e croccanti e saranno squisiti per la prima colazione.

Per mantenerli, li metto in una scatola di latta o in un vaso di vetro con il coperchio.

TORTA CIOCCOLATOSA TIZIANELLA

INGREDIENTI
400 gr di farina "00"
300 gr di zucchero (*)
90 gr di cacao amaro (*)
Una tavoletta di cioccolato fondente da 100 gr (*)
Una bustina di lievito per dolci
90 gr di Olio extravergine di oliva (*)
500 gr di latte intero fresco

PROCEDIMENTO
Faccio fondere lentamente a bagnomaria il cioccolato in una casseruolina con pochissimo latte.
Mescolo tutte le polveri (farina, zucchero e cacao) insieme con il lievito; aggiungo prima l'Olio e dopo averlo fatto assorbile, il latte; aggiungo anche il cioccolato fuso.
Verso il composto in uno stampo imburrato e infarinato e metto in forno preriscaldato a 170° C. ventilato per 60 minuti.
Facile facile, ma... fantastica!
(*) dosi puramente indicative: fai lavorare la tua fantasia.

TORTA IN UN MINUTO

PROCEDIMENTO
In una planetaria (o in una ciotola utilizzando la frusta elettrica) mescola, inserendo il successivo dopo aver amalgamato il precedente, i seguenti ingredienti

seguendo questo ordine:
2 uova intere
un bicchiere abbondante di zucchero
½ bicchiere, abbondante di latte fresco
½ scarso di olio di arachide
2 e ½ bicchieri di farina "00" setacciata
Una bustina di lievito istantaneo per dolci.
Metti in teglia imburrata e infarinata e in forno ventilato
a 160° C. per 35-40 minuti.
Niente di più facile e veloce!

INDICE

201

dello stesso autore:

Viva il Gusto della Vita!

Manuale di psicoterapia del gusto
per allontanare la depressione attraverso
una gustosa e sana alimentazione
con oltre 250 ricette di cucina.

oltre che nella rete delle edicole e delle librerie
è disponibile in formato cartaceo
e in formato digitale su
Amazon.it

e nei Kindle Store di tutto il mondo

dello stesso autore:

Con Santa Claus in Cucina

Manuale di cucina con oltre 50 ricette
da gustare durante le Feste.
Contiene la Vera storia di Santa Claus,
le origini del Natale e
cenni sulla psicologia del donare e
del ricevere un dono.

Oltre che nella rete delle edicole e delle librerie
è disponibile in formato cartaceo
e in formato digitale su
Amazon.it

e nei Kindle Store di tutto il mondo